JN114078

第4版

面白いほど理解できる

商法・会社法

商法・会社法研究会

早稲田経営出版
TAC PUBLISHING Group

は　じ　め　に

（1）本書の特徴

　本書は、法律の入門書シリーズとして、各種資格試験向けの商法・会社法の学習や、大学における商法・会社法講義の理解を助けることをコンセプトとしました。そのために、普段から法律初学者を対象に「商法・会社法」講義を担当している資格試験受験専門校の講師によって執筆された「商法・会社法入門」の本です。

（2）大学の授業の予習用に

　大学の授業は、予習をすることでその効果を一層高めることができます。

　授業を受ける側が知識ゼロの状態で聴くだけだと、内容が難しくて理解できない箇所が多くなり、理解できなければ面白くないから出席しなくなり、その結果、期末試験前だけ苦労したり最悪単位がとれなかったりという悪循環に陥りがちです。

　しかし、ある程度の前知識があって、今、何の話をしているのかをきちんと把握できれば、大学の授業の面白さは飛躍的に向上しますし、面白ければ、授業に出るのが苦ではなくなるはずです。

　そこで、本書を1冊手元に置いておき、通学の電車内や喫茶店などで軽く次回の予習をしてから授業に臨むことをお勧めします。

（3）各種試験対策に

　本書は、法科大学院入試、新司法試験、司法試験予備試験、公認会計士試験、司法書士試験、行政書士試験、公務員試験など、商法・会社法を出題科目としている各種資格試験対策としても有用です。

　それぞれの試験対策用の専門教材がありますが、最初は、その本を読み進めること自体に苦戦するのではないかと思います。

　そこで、本書を利用して、まずは商法・会社法の大枠をざっととらえてしまうことをお勧めします。その上で、各種専門教材を読み進めれば、効率UPにつながるはずです。

（4）総　括

　各種資格試験用の専門教材、大学の講義で使用する基本書などは、それぞれ内容的には素晴らしいものが多いですから、それらを読みこなすための最初の一歩となるような入門書を執筆いたしました。

　本書を手に取って学習される皆さまの理解の一助になれば幸いです。

本書の使い方

1テーマ見開き2ページのスッキリ構成だから見やすい！

取り上げるテーマについて冒頭にQ＆Aが示されています。

本文では理由や趣旨も平易に説明！

株 式 会 社

009 株式譲渡自由の例外

株式譲渡が制限される場合です

Q 株式を売ることができない場合があるの？

A できない場合もあるよ。

権利株譲渡制限

会社成立前などの株式引受人の地位（権利株といいます）の譲渡は、会社に対して対抗することができません。設立手続の渋滞防止のためです。この段階で自由な譲渡を認めたら、会社から見て、誰が株主なのかわからなくなってしまうからです。条文上、権利株の譲渡は「会社に対抗することができない」となっています。対抗できないとは、無効とは異なり、単に主張することができないという意味です。逆に、会社側から権利株の譲渡の効力を認めることはできます。

株券発行前譲渡制限

株券発行会社において、株券発行前になされた株式譲渡は、会社に対する関係では無効です。株券発行事務の渋滞防止のためです。この段階で自由な譲渡を認めたら、会社が誰に株券を発行すべきかわからなくなってしまうからです。法律関係は権利株譲渡制限とほぼ同じです。ただし、無効ですから、会社が当然に譲受人を株主と認めることはできません。

```
           会社設立        株券発行
  ──────────────────────────────▶
 ❶権利株      ❷株券発行前
  譲渡制限      譲渡制限
```

自己株式取得制限

自己株式つまり自社株は、一定の場合に限り、取得つまり購入できるとされています。自己株式の取得を自由に認めると、次のような弊害が生じることから政策的に規制されているのです。第1に、会社の財産的基礎を害します。会社財産を財源として会社が自己株式を購入すると、実質的に出資の払戻しと同様の結果となり、会社債権者の利益を害します。会社の財産が流出するからです。第2に、株主平等の原則に反します。一部の株主のみから買受けると、株主相互間の投下資本回収の機会に不平等を生じさせ、不平等な取扱いになるからです。第3に、株式取引の公正を害します。会社が自己株式取得によって株価を操作したり、内部者取引を行い、一般投資家の利益を害するおそれがあります。第4に、会社支配の公正を害します。自己株式

18

タイトルは本文のキーワードとリンク！

を買い受けることによって、現経営者による会社支配が完成されてしまいます。

甲会社

株主A

子会社による親会社株式取得制限

子会社は、原則として親会社の株式を取得することができません。ここで親会社（甲）とは、他の株式会社（乙）の総議決権の過半数、例えば51％を有する会社その他実質的に経営を支配しているものとして法務省令で定める会社（甲）を指し、子会社とは、この場合の他の株式会社（乙）です。子会社

が親会社株式を自由に取得できるとすると、親会社と子会社との間の経済的一体性や支配服従関係から、親会社自身による自己株式の取得と同様の弊害が生じるからです。

譲渡制限株式

会社は定款に規定することにより、株式譲渡に会社の承認を要する株式である譲渡制限株式を発行することができます。わが国の株式会社には、家族経営の会社などの小規模閉鎖的な会社が多く、このような会社は会社にとって好ましくない者が株主となって会社経営を妨害したり、会社を乗っ取ったりすることを防止しなければなりません。そこで、例外的に定款の規定によって譲渡制限を設けることができるようにしたのです。

ポイント

図表で整理することで、難解な条文構造も把握しやすく！

株式譲渡自由の制限

時期による制限	権利株譲渡制限（35条等） 株券発行前譲渡制限（128条2項）
自己株式などの制限	自己株式取得制限（155条） 子会社による親会社株式取得制限（135条）
定款による制限	譲渡制限株式（107条1項1号、108条1項4号）

ミニテスト

1　会社は、自己株式を、常に取得することができる。
2　会社は、定款の規定によって、譲渡制限を設けることができる。

解答　1　×　制限されています。
　　　2　○　譲渡制限株式です。

最後に1問1答型ミニテストで知識を確認！

●●● CONTENTS ●●●

※本書は、令和 5 年 4 月 1 日時点で施行されている法律を基
準としています。

面白いほど理解できる

商法・会社法

001 会社

超大企業から零細企業まで、いろいろな会社がありますね

Q 会社法の会社は、何種類あるの？

A 4種類だよ！

意　義

まず、会社法上の会社の定義から見ていきましょう。

会社とは、会社法の規定によって設立された、営利を目的とする法人です。

この会社法によって設立される会社には、①株式会社、②合名会社、③合資会社、④合同会社の４つがありますが、どの会社においても会社というためには、営利性と法人性の２つの要件を備えなければなりません。

営　利　性

営利とは、簡単にいえばお金儲けのことですが、ここでは①対外的な活動によって利益を得て、かつ、②その利益を出資者（これを社員といい、株式会社であれば株主を指します）に分配することをいいます。

対外的な活動によって利益を得ていても、その利益を出資者に分配していなければ営利性はなく、会社とはいえないことに注意が必要です。

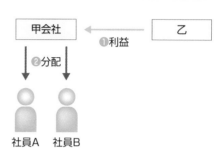

法　人　性

法人とは、自然人（人間）以外で権利・義務の帰属主体となる地位を有する者です。

この権利・義務の帰属主体となる地位のことを、権利能力または法人格といいます。

会社は法人ですから、自然人ではないのに権利を取得したり、義務を負担することができます。しかし、取得できる権利や負担できる義務には、自然人とは異なり、次の３つの制限があります。

①性質による制限

法人は自然人とは違うので、自然人に特有な生命・身体に関する権利や親族・相続上の権利などは取得できません。

②法令による制限

　会社に法人格を与えたのは法令なので、必要性があれば当然法令によって権利を制限できます。

③定款（ていかん）所定の目的による制限

　定款とは、会社の組織や活動を定めた根本規則のことです。

　定款にはその会社の目的（例えば、○○の製造販売など）が記載されています。

　会社は、定款で定められた目的の範囲内において、権利能力をもちます。出資者はこの定款目的達成のために自分の資金を会社に提供したのだから、会社は定款所定の目的以外の行為はできません。会社が定款目的以外の行為を自由にできるとすると、出資者は予測していなかった行為にその資金を使用されることになり、それでは出資者に酷だからです。

ポイント

営利性の意味
　利益を得る
　　　＋
　社員に分配
会社の権利能力の制限
　❶性質による制限
　❷法令による制限
　❸定款所定の目的による制限

ミニテスト

1　会社とは、会社法の規定によって設立された、営利を目的とする法人である。
2　会社法上の会社には、株式会社、合名会社、合資会社、合同会社の4つがある。
3　営利性とは、対外的な活動によって利益を得ることをいう。
4　会社の権利能力は、性質や法令によって制限される。
5　会社の権利能力は、定款所定の目的によって制限されない。

解答
1　○
2　○
3　×　かつ、その利益を出資者に分配することをいいます。
4　○
5　×　定款所定の目的によって制限されます。

002 株式会社

具体例は、あなたの身近な○○株式会社です

Q 株式会社という会社が考え出されたのはなぜ？

A 大きな会社を作るためだよ。

意　義

株式会社とは、社員の地位が株式と呼ばれる細分化された割合的単位の形をとり、その社員（＝株主）が会社に対し各自の保有する株式の引受価額を限度とする出資義務を負うだけで、会社債権者に対しては何らの責任も負わない会社です。

株式会社という会社形態が考え出されたのは、大規模事業を営むためです。すなわち、株式会社の社員である株主は間接有限責任しか負わないので、責任が軽い→責任が軽ければ安心して出資ができる→多くの人が出資してくれれば、会社規模を大きくできる、というわけです。

このために株式会社は、間接有限責任しか負わない社員のみで構成されており、その社員である株主の地位が株式という形をとっている点が特徴です。株式会社を他の種類の会社と比較した場合の２大特色は、株式と間接有限責任です。

株式については、後述しますので、ここでは間接有限責任と、それに関連する資本金制度（詳しくは次テーマ）を説明します。

間接有限責任

間接有限責任は、株主有限責任の原則ともいいます。これは、株主が会社に対し各自の保有する株式の引受価額を限度とする出資義務を負うだけで、会社債権者（例えば、会社にお金を貸している者など）に対しては何らの責任も負わないという原則です。会社債権者に対して直接の責任を負わないので、間接責任です。また、引受価額を限度とするので、有限責任です。

そもそも、株主となる際には会社と株式引受契約、つまり株を買う契約を締結します。例えば、500万円出資するから会社は100株の株式を与える、というような契約です。そして株主は、株式引受契約に基づいて株式の引受価額である500万円を会社に出資したら、それ以上の責任を追及されることはないのです。これにより、最大に損をしても500万円までだとリスクを計算できるので、出資がしやすくなります。

甲株式会社

出資義務○

責任追及×

株主A　　　　　会社債権者乙

資本金制度

　株主は間接有限責任を負うにすぎません。これは株主にとっては非常に有利です。しかし、物事には裏と表があり、株主にとって有利となったしわ寄せは会社債権者にいきます。会社債権者の担保となるのは会社財産だけしかないのです。株主にはかかっていけません。そこで、会社債権者保護の見地から設けられたのが資本金制度なのです。

　会社は、実際の会社財産確保の目標数値としての資本金を定め、資本金の額以上の会社財産を確保しなければなりません。資本金とは、会社財産確保の基準となる一定の計算上の金額なのです。

ポイント

株式会社
⇒社員の地位が株式と呼ばれる細分化された割合的単位の形をとり、その社員が
　会社に対し各自の保有する株式の引受価額を限度とする出資義務を負うだけで
　（会社法104条、以下会社法の条文番号）、会社債権者に対しては何らの責任
　も負わない会社
　　　株式＋間接有限責任
　　　　　　⇓
　　　　資本金制度

ミニテスト

1　株式会社の2大特色は、株式と間接有限責任である。
2　株主有限責任の原則とは、株主が会社に対し各自の保有する株式の引受価額を限度とする出資義務を負うだけで、会社債権者に対しては何らの責任も負わないという原則である。
3　資本金とは、会社の財産そのものではなく、会社財産確保の基準となる一定の計算上の金額のことである。

解答　1　○
　　　　2　○
　　　　3　○

株式会社

003 資本金

会社財産とは違います

> **Q** 資本金って、会社が持ってる財産のこと？
>
> **A** 違うよ。

意　義

　資本金とは、会社財産確保のための基準となる一定の計算上の金額です。

　すなわち、株式会社の社員である株主は間接有限責任を負うに過ぎません→会社債権者の担保となるのは会社財産だけです→会社債権者を保護するために資本金制度が設けられた、というわけです。

　ポイントは、資本金と実際の会社財産とを厳密に区別することです。例えれば、ビーカーの目盛が資本金で、ビーカーの中に入っている液体が会社財産です。目盛と中身は全く違いますね。

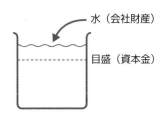

　なお、資本金の額の算定については、株式の払込金額の総額が資本金額となるのが原則です。払込金額が1億円であれば、資本金額は1億円です。ただ例外として、払込金額の2分の1

までの額は、資本金としないことも認められています。

資本原則

　資本金という目標数値を単に定めただけでは、現実には会社債権者の保護は図れません。そこで、具体的な制度によって、資本金制度を意味のあるものにしています。

　資本充実・維持の原則と資本不変の原則の2つの原則です。

①資本充実・維持の原則

　資本金の額に相当する財産が現実に会社に出資され（充実）、かつ、会社に保有されなければならない（維持）という原則です。

　この原則の具体例となる制度は、株式会社の設立などで説明します。

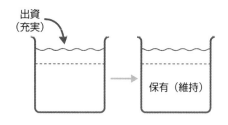

6

②**資本不変の原則**

いったん定められた資本金の額は、自由に減少させることはできないという原則です。

いったん定めた資本の額を自由に減少できるとしたのでは、資本維持の原則が無意味なものとなってしまうからです。したがって、例外的に資本金の額を減少させるには、資本減少という

極めて面倒な手続を踏まなければならないのです。

なお、不変といっても、減少だけが禁止されていることに注意しましょう。増加は禁止されていません。

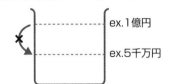

ポイント

資本金
⇒会社財産確保のための基準となる一定の計算上の金額
　　原則、払込総額

資本原則

| 資本充実・維持の原則 | 資本金額に相当する財産が現実に会社に出資され、かつ、会社に保有されなければならない |
| 資本不変の原則 | いったん定められた資本金額は、自由に減少させることはできない |

ミニテスト

1　資本金の額の算定については、株式の払込金額の総額が資本金額となるのが原則である。

2　資本充実の原則とは、資本金の額に相当する財産が現実に会社に保有されなければならないという原則であり、資本維持の原則とは、資本金の額に相当する財産が現実に会社に出資されなければならないという原則である。

3　資本不変の原則とは、いったん定められた資本金の額を自由に増減させることはできないという原則である。

解答　1　○
　　　　2　× 充実の原則と維持の原則が逆になっています。
　　　　3　× 増減ではなく減少です。

004 株式

株式会社という名称にも使われています

Q 株式って何？

A 株主の地位・権利のことだよ。

意 義

細分化された割合的単位の形をとる株式会社の社員たる地位のことを株式といいます。

甲株式会社
↑ 株式
株主A

難しい内容ですが、「細分化された」は、細かく分けられたという意味、「株式会社の社員たる地位」は、株式会社に出資した者の地位・権利という意味です。

では、「割合的単位の形をとる」とは何でしょう。

民法の例から考えてみましょう。例えば、1,500万円の家をAが1,000万円、Bが500万円支払って買ったという建物の共有の場合には、共同所有の割合である持分は、Aが3分の2、Bが3分の1です。

この関係を株式会社に当てはめてみましょう。株式は株式会社の共同所有権であり、株主は株式会社の共同所有者だからです。

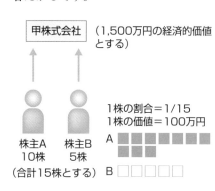

甲株式会社 （1,500万円の経済的価値とする）
↑ ↑
株主A 株主B
10株   5株
（合計15株とする）

1株の割合＝1/15
1株の価値＝100万円
A
B

この例で考えると、まず全体が15分の1に細分化されています。次に1株の割合は15分の1という単位になります。そして、これは株式会社の出資者の地位・権利です。Aの株式で考えると、15分の1に細分化された、1株の割合は15分の1という単位の形の、株式会社に対する権利です。

細分化して割合的単位の形にしたのは、少ししかお金のない人でも株式会社に出資して株主となることができるようにするためです。例の場合では、1,500万円持っていなくても、100万円持っていれば、1株を買えて株主になれるのです。

本　質

　株主は株式会社の社員なので、株主は社員として会社に対して様々な権利を持っています。この様々な権利を総称して社員権といいます。したがって、株式の本質は社員権ということになります。

　この社員権は、次の2つに分類されます。

　第1は、会社から経済的利益を受けることを目的とする権利である自益権（剰余金配当請求権など）、第2は、会社の経営に参加することを目的とする権利である共益権（株主総会の議決権など）です。配当をもらうように、自分の経済的利益になるから自益権、株主総会で議決権を行使するように、他の株主と共同で経営にあたるから共益権といいます。

ポイント

株式
　⇒細分化された割合的単位の形をとる株式会社の社員たる地位
株式＝社員権

| 自益権 | 会社から経済的利益を受ける権利 | 剰余金配当請求権など |
| 共益権 | 会社の経営に参加する権利 | 株主総会の議決権など |

ミニテスト

1　株式とは、細分化された割合的単位の形をとる株式会社の社員たる地位のことである。

2　株主は株式会社の社員として様々な権利を持っており、この権利を社員権というので、株式の本質は社員権である。

3　会社から経済的利益を受ける権利を共益権といい、会社の経営に参加する権利を自益権という。

4　社員権である自益権の具体例には、剰余金配当請求権がある。

5　社員権である共益権の具体例には、株主総会の議決権がある。

解答　1　○
　　　　2　○
　　　　3　× 自益権と共益権が逆になっています。
　　　　4　○
　　　　5　○

株式会社

005 株主平等の原則

株主平等といっても、株主一人ひとりが完全に平等ではありません

Q 10万株持っている人も、1株しか持っていない人も、同じ1票なの？
A いや、持っている株の数に比例するんだよ！

意　義

　株主平等原則とは、株主は、株主としての資格に基づく法律関係については、その保有株式の内容および数に応じて平等に取扱われなければならない、とする原則です。

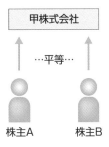

甲株式会社

…平等…

株主A　　株主B

　具体的には、Aが1株主、Bが10株主だとすると、Aに配当が100円であれば、Bには1,000円。Aが議決権1票であれば、Bは10票という原則です。持株数に応じた比例的な平等を意味します。

根　拠

　どのような団体であってもその構成員は平等に取扱われなければならないのは当然です。そこで通常、団体の意思を決定するときは多数決が行われ、1人1票という平等の取扱いがなされ

ます。

　では、株式会社でも株主1人に1票ずつ与えて多数決で会社の意思を決定するのがよいか、というとそうではありません。株主の中には多額の出資をした者と少額の出資しかしていない者とが存在するからです。いくら平等が当然といっても、出資額の多少に関係なく同じ影響力を与えたのではかえって不平等になってしまいます。

　そこで、株式会社においては各株主の出資額に応じて影響力を与えた方が平等であると考えられました。端的に保有株式数に反映しているのだから、保有株式数に応じて平等に扱うのがよいだろう、と考えられたのです。

適用範囲と内容

　株主平等原則は、株主としての資格に基づくすべての法律関係に適用されます。配当、議決権などがその例です。

　また、株主平等原則は、①各株式の内容が原則として同一であること、②同一内容の株式は同一の取扱いがなされるべきこと、を具体的内容としま

す。ある株主には1株当たり100円配当する株式を発行し、他の株主には1株当たり50円配当する株式を発行する、というようなことは原則として許されません。ただし、例外はあります。

違反の効果と機能

株主平等原則は株式会社全体に通じる強行法的基本原則ですから、これに違反する会社の行為はすべて無効です。例えば、100株未満しか保有していない株主には配当は行わない、という決定を会社がしたとしても、この決定は無効です。このように株主平等原則は、とかく不利益な取扱いを受けがちな少数派の株主の保護、その権利が奪われるのを回避する機能があります。

例　外

株主平等原則は株式会社全体に通じる強行法的基本原則ですから、その例外は、①不利益を受ける株主の承諾がある場合と、②明文の規定がある場合、の2つしか認められません。

②について、会社法はいくつかの異なった種類の株式の発行を認め、会社が出資者のニーズに対応しつつ資金の調達ができるように配慮しています。ただ、数種類の株式を発行できるとはいっても、会社が勝手に種類を作ることはできません。条文に規定された種類の株式に限定されます。会社が勝手に作れるのでは、株主平等原則が無意味になるからです。

ポイント

株主平等の原則
⇒株主は、その保有株式の内容および数に応じて平等に取扱われなければならないとする原則（109条1項）

ミニテスト

1　株主は、株主としての資格に基づく法律関係については、その保有株式の内容および数に応じて平等に取扱われなければならないから、その例外は、不利益を受ける株主の個別的な承諾がある場合にしか、認められない。
2　株主平等原則は株式会社の強行法的基本原則であるから、これに違反する会社の行為はすべて無効となるので、同原則は、不利益な取扱いを受けがちな少数派の株主を保護する機能を有する。

解答　1　× 明文の規定がある場合（種類株式）も例外となります。
2　○

006 株式の種類

いろいろな種類の株式があります

Q 配当や議決権を制限できるの？

A できるよ。

種類株式

種類株式は、会社が２種類以上の株式を発行する場合です。

①剰余金の配当・残余財産の分配について内容の異なる株式

会社は、剰余金の配当・残余財産の分配について内容の異なる株式を発行することができます。

他の種類の株式よりも優先的な地位が与えられる株式を優先株、他の種類の株式より劣後的な地位を与えられている株式を劣後株、標準となる株式を普通株といいます。

②議決権制限株式

議決権を行使できる事項について制限が存在する株式です。

ある種類の株式は株主総会決議事項のすべてについて議決権を有するが、他の種類の株式は一切の事項につき議決権を有しない（完全無議決権株式）とか、一定の事項についてのみ議決権を有するものとすることができます。これを議決権制限株式といいます。

③譲渡制限株式

譲渡制限株式は、株式の譲渡による取得について、会社の承認を必要とする株式です。

株式会社の中でも株主間に人的信頼関係の存在する小規模・閉鎖的なものについては、株式の取得によって会社にとって好ましくない者が株主となり、会社の経営を妨害することを防止できるようにしなければなりません。そこで、株式の譲渡について会社の承認を要求し、会社の承認なしに行われた株式譲渡は、会社との関係では無効とします。

④取得請求権付株式

取得請求権付株式は、保有株主に、会社に対する株式の取得請求権を付与した株式です。

⑤取得条項付株式

取得条項付株式は、一定の事由の発生を条件として、会社が取得することができる株式です。

⑥全部取得条項付株式

全部取得条項付株式は、株主総会の特別決議によって、会社が当該株式の全部を取得することができる株式です。

⑦拒否権付株式

拒否権付株式は、株主総会等で決議すべき事項について、株主総会等の決

議のほか、当該種類株主総会の決議を必要とする株式です。

「黄金株」といわれることもあります。

⑧取締役・監査役選任権付株式

取締役・監査役選任権付株式は、当該種類の種類株主総会において、独自に、取締役・監査役の選任をする権利を付与された株式です。

内容についての特別の定め

種類株式とは異なり、会社が1種類の株式のみ発行している場合に、その全部について特別の定めを置くこともできます。

①譲渡制限

株式の譲渡による取得について、会社の承認を必要とする旨の定めです。

趣旨は、譲渡制限株式と同じです。

この種類の株式を発行している会社を非公開会社といいます。

②取得請求権付与

保有株主に、会社に対する株式の取得請求権を付与する旨の定めです。

③取得条項付与

一定の事由の発生を条件として、会社に株式の取得請求権を付与する旨の定めです。

ポイント

種類株式（108条1項）
❶剰余金の配当・残余財産の分配について内容の異なる株式
❷議決権制限株式
❸譲渡制限株式
❹取得請求権付株式
❺取得条項付株式
❻全部取得条項付株式
❼拒否権付株式
❽取締役・監査役選任権付株式

ミニテスト

1 完全無議決権株式は、認められない。
2 取得請求権付株式とは、会社が取得することができる株式である。

解答 1 × 認められます。
2 × 取得請求権付株式は、株主に、会社に対する株式の取得請求権を付与した株式です。一定事由の発生を条件に、会社が取得することができる株式は、取得条項付株式です。

007 株券

発行されないのが原則ですが…

Q 株券って何？
A 有価証券の一種だよ。

意義・趣旨

株券とは、株式を表章する有価証券です。

有価証券とは、財産的価値を有する私権を表章する証券であって、その表章する権利の譲渡・行使に証券の交付・所持を要するものです。簡単にいえば、有価証券は権利を表す価値の有る紙で、株券は、株式（株主の権利）を表した有価証券ということです。

株式そのものは、観念的な目に見えない権利ですから、株式取引が円滑に行われるためには、目に見えない権利である株式を目に見えるようにして、株式の移転に関する法律関係を明確にする必要があります。目に見えないものを売ったり買ったりすることは難しいからです。

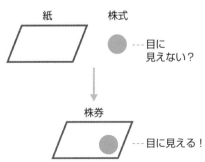

そこで、株式会社においては、株券を発行する旨の定款規定を設けることができ、株券発行会社は株式を発行した日以後、遅滞なく株券を発行しなければならないのです。ただし、株券を発行しなければならないのは、定款に株券を発行する旨の規定を有する株券発行会社だけです。また、株券発行会社が非公開会社である場合は、株主からの請求があるまでは、株券を発行しなくてもよいとされています。

そして、株券に記載される事項は、番号・代表取締役などの署名・会社の商号・表章する株式数・譲渡制限株式であるときはその旨・種類株式であるときはその種類および内容、です。

効力発生時期

株券の発行手続は、作成→郵送→到達の順番で行われます。このうちのどの時点で有価証券である株券になるのかが、争われています。具体的には、株券の作成後、郵送中に紛失した場合などで問題となります。

判例・通説は、株券は、株主の手元に到達した時点で有価証券となるとし

ています（交付時説）。

　なぜなら、株券の発行は会社から株主に対する意思表示であり、意思表示は相手方に到達した時点で効力を生じるのが原則である以上、株券も相手方である株主に到達した時点でその効力を生じると考えるのが論理的だからです。このように、株券は株主のところに到達しないと有価証券とはならないので、郵送途中でたまたま株券を拾った者がいても、株主は安心していられるのです。この段階では単なる紙切れにすぎないからです。

株式振替制度

　上場株式の取引の迅速な決済等の要請に応えるために、平成21年1月5日、「社債、株式等の振替に関する法律」（振替法）が施行されました。同法により、上場株式について株券の不発行を前提とした株式振替制度が施行され、同日をもって上場株券は一斉に無効となりました。いわゆる上場株券の電子化と呼ばれるものです。

　この制度は、簡単にいえば、上場株式について、紙に印刷された株券をなくし、振替機関（株式会社証券保管振替機構：略称ほふり）を中核としたコンピュータネットワークで一元管理する仕組みです。

　そして、株式振替制度の下では、振替株式について、振替口座簿への増加の記載・記録が、その移転の効力要件であるなど、会社法の内容とは異なる点が様々あります。

ポイント

株券発行会社
⇒株券を発行する旨の定款規定がある会社（214条）

ミニテスト

1　株券とは、株式を表章する有価証券である。
2　会社法においては、すべての株式会社は、必ず株券を発行しなければならないとされている。
3　株券がどの時点で有価証券になるかについては争いがあるが、株主の手元に到達した時点で有価証券となるとするのが判例である。

解答　1　○
　　　　2　×　株券を発行しなければならないのは、株券発行会社だけです。
　　　　3　○

15

008 株式譲渡自由の原則

モノを売れるように、株式も売れます

Q 株式を売ることができるの？

A できるよ。

株式譲渡自由の原則

株式譲渡自由の原則とは、株主は株式を自由に譲渡できるとする原則です。債権譲渡自由の株式バージョンです。100万円の貸金などの債権は原則として自由に譲渡、つまり売却することができます。これと同じように株式も原則として自由に譲渡、つまり売却することができるのです。

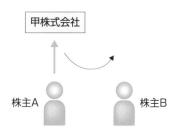

甲株式会社

株主A　　株主B

①必要性

株式会社の社員である株主は、間接有限責任しか負わないため、会社債権者が担保にできるものは会社財産だけです。そこで、会社債権者保護の見地から資本制度が設けられており、その具体化である資本維持の原則から、株式会社には他の会社のような退社制度は存在しません。

そうすると株主は、会社以外の第三者に株式を売却して投下資本を回収するしか方法はないので、株式の譲渡を原則として自由にしておく必要性があるのです。

②許容性

通常、株主同士の間には面識がなく、同じ会社の株主であるといっても個人的信頼関係があるわけではありません。また、株主は間接有限責任しか負わず、原則として会社経営にもあたらないため、株主に個人資産が十分にあるか、株主に経営能力があるか、といった株主の個人的な能力、つまりその個性は、会社や会社債権者にとって重要性はありません。

そこで、株主の自由な交代を認めても誰にも不都合はないので、株式の譲渡は原則として自由になっています。つまり、許容できるのです。

以上から、図における株主Aは、その株式を、原則として自由にBに譲渡することができます。その結果、株式を譲り受けたBが新株主となります。

株式譲渡自由の例外

```
                              ┌ 権利株譲渡制限
            ┌ 時期による制限  ┤
            │                 └ 株券発行前譲渡制限
法律による制限┤
            │  自己株式取得制限
            └ 子会社による親会社株式取得禁止

定款による制限（譲渡制限株式）
```

　株式譲渡は自由が原則ですが、様々な理由によって、それが制限される場合があります。株式譲渡自由の例外となる株式譲渡の制限です。

　これには、大きく分けて、法律＝会社法による制限と定款による制限があります。

　さらに法律による制限は、時期による制限と自己株式取得（子会社による親会社株式取得）の制限に分かれます。

ポイント

株式譲渡自由の原則
　⇒株主は、原則として、株式を自由に譲渡することができる（127条）
　　∵❶投資回収の必要性
　　　❷会社の許容性
株式譲渡自由の例外＝制限

ミニテスト

1　会社法は、株主は、原則として株式を自由に譲渡することができないとしている。
2　株式の譲渡を、会社法によって制限することはできるが、定款によって制限することはできない。
3　株式の譲渡を、定款によって制限することはできるが、会社法によって制限することはできない。

解答　1　× 自由に譲渡できます。
　　　　2　× 定款によっても制限できます。
　　　　3　× 会社法によっても制限できます。

009 株式譲渡自由の例外

株式譲渡が制限される場合です

Q 株式を売ることができない場合があるの？

A できない場合もあるよ。

権利株譲渡制限

　会社成立前などの株式引受人の地位（権利株といいます）の譲渡は、会社に対して対抗することができません。設立手続の渋滞防止のためです。この段階で自由な譲渡を認めたら、会社から見て、誰が株主なのかわからなくなってしまうからです。条文上、権利株の譲渡は「会社に対抗することができない」となっています。対抗できないとは、無効とは異なり、単に主張することができないという意味です。逆に、会社側から権利株の譲渡の効力を認めることはできます。

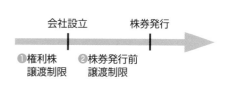

株券発行前譲渡制限

　株券発行会社において、株券発行前になされた株式譲渡は、会社に対する関係では無効です。株券発行事務の渋滞防止のためです。この段階で自由な譲渡を認めたら、会社が誰に株券を発行すべきかわからなくなってしまうからです。法律関係は権利株譲渡制限とほぼ同じです。ただし、無効ですから、会社が当然に譲受人を株主と認めることはできません。

自己株式取得制限

　自己株式つまり自社株は、一定の場合に限り、取得つまり購入できるとされています。自己株式の取得を自由に認めると、次のような弊害が生じることから政策的に規制されているのです。第1に、会社の財産的基礎を害します。会社財産を財源として会社が自己株式を購入すると、実質的に出資の払戻しと同様の結果となり、会社債権者の利益を害します。会社の財産が流出するからです。第2に、株主平等の原則に反します。一部の株主のみから買い受けると、株主相互間の投下資本回収の機会に不平等を生じさせ、不平等な取扱いになるからです。第3に、株式取引の公正を害します。会社が自己株式取得によって株価を操作したり、内部者取引を行い、一般投資家の利益を害するおそれがあります。第4に、会社支配の公正を害します。自己

株式を買い受けることによって、現経営者による会社支配が完成されてしまいます。

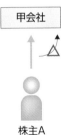

甲会社

株主A

子会社による親会社株式取得制限

子会社は、原則として親会社の株式を取得することができません。ここで親会社（甲）とは、他の株式会社（乙）の総議決権の過半数、例えば51％を有する会社その他実質的に経営を支配しているものとして法務省令で定める会社（甲）を指し、子会社とは、この場合の他の株式会社（乙）です。子会社

が親会社株式を自由に取得できるとすると、親会社と子会社との間の経済的一体性や支配服従関係から、親会社自身による自己株式の取得と同様の弊害が生じるからです。

譲渡制限株式

会社は定款に規定することにより、株式譲渡に会社の承認を要する株式である譲渡制限株式を発行することができます。わが国の株式会社には、家族経営の会社などの小規模閉鎖的な会社が多く、このような会社は会社にとって好ましくない者が株主となって会社経営を妨害したり、会社を乗っ取ったりすることを防止しなければなりません。そこで、例外的に定款の規定によって譲渡制限を設けることができるようにしたのです。

ポイント

株式譲渡自由の制限

時期による制限	権利株譲渡制限（35条等） 株券発行前譲渡制限（128条2項）
自己株式などの制限	自己株式取得制限（155条） 子会社による親会社株式取得制限（135条）
定款による制限	譲渡制限株式（107条1項1号、108条1項4号）

ミニテスト

1　会社は、自己株式を、常に取得することができる。
2　会社は、定款の規定によって、譲渡制限を設けることができる。

解答　1　×　制限されています。
　　　　2　○　譲渡制限株式です。

010 株式の動的安全

株券発行会社における、善意取得が一番大切です

Q 動的安全って、具体的にはどういうこと？

A 株券がどんどん売り買いされることだよ。

株式の有価証券化

目に見えない観念的な権利である株式を有価証券である株券に結合表章することによって、法律関係を明確にすることができます。見えないものを売ったり買ったりするのは難しいからです。

株式の譲渡方法の簡易化

目に見えない観念的な権利である株式を有価証券である株券に結合表章した結果、株式を譲渡するには相手方に株券を交付するだけで足ります。株券を交付つまり手渡すだけですむので、民法における債権譲渡の手続（譲渡人からの通知または債務者の承諾など）に比べて、とても簡単です。

資格授与的効力

株券を所持している者は真実の株主と推定されます。これを株券所持の資格授与的効力といいます。真の権利者という資格を授けられるという力です。

株券を所持しているといっても、実は、その者は株券を盗んで所持しているのかもしれないし、また、株券を単に拾ったにすぎないかもしれません。しかし、株式譲渡には株券の交付が必要な以上、株券を所持している者が株主である可能性が非常に高いです。そこで、法律上もこれを認め、株券を所持している者は真実の株主であると推定することとしました。

資格授与的効力の結果、株券の所持人は株主と推定されますから、いちいち自分が真実の株主であることを立証することなく、株主としての地位を主張できます。主張された相手方である会社などは、株券の所持人は真実の株主ではないということを立証しなければ、その主張を拒むことができません。

免責的効力

株券を所持している者を真実の株主として扱った者は、原則としてすべての責任から解放されます。これを株券所持の免責的効力といいます。

資格授与的効力によって、株券を所持している者は真実の株主と推定されます。それゆえ相手方である会社などは安心して株券の所持人を株主として扱います。それにもかかわらず責任を

追及されるというのでは矛盾してしまいます。そこで、株券を所持している者を真実の株主として扱った者は、原則としてすべての責任から解放されることとしました。例えば、株券を盗んだにすぎないBが、株主のふりをして権利を主張した場合に、会社がこれを信用して権利を認めたときは、会社は真実の株主Aに対して責任を負わなくてよいのです。

ただし、相手方が株券の所持人が真実の株主でないことを知っている場合（悪意）や、著しい不注意によって知らなかった場合（重過失）には、相手方を保護する必要性はありません。そこで、免責的効力を受けるためには、相手方は善意かつ無重過失でなければなりません。会社が真実の株主がAであることを知っていた場合、または、知らないとしても著しい不注意があった場合は会社を保護する必要はないので、免責されません。

善意取得

株券を所持している者から株券の交付を受けた者は、たとえ譲渡人が無権利者であっても、善意かつ無重過失であれば、株式についての権利を取得できます。これを善意取得といいます。民法における動産の善意取得（即時取得）の株券バージョンです。

Aが真実の株主、Bが株券盗取者、CはBから株券を買おうとしている者とします。Cのような立場に立った場合に、Bが本当の株主かどうかを調査しなくてはならないとすれば、面倒で買う気になりません。資格授与的効力によって、株券を所持している者は真実の株主と推定されます。それゆえ譲受人は安心して株券を買います。それにもかかわらず株式を取得できないというのでは矛盾してしまいます。そこで、Cが、Bが無権利者であることを知らず（善意）、かつ、知らないことに著しい不注意も無かった（無重過失）場合には、Cは株式を有効に取得できることにしました。

ポイント

株券所持の効力
資格授与的効力（131条1項）、免責的効力、善意取得（131条2項）

ミニテスト

1　株券を所持している者から株券を買った者は、譲渡人が無権利者であっても、善意かつ無過失の場合に限り、株式についての権利を取得できる。

解答　1　×　善意かつ無重過失です。

011 株式の静的安全

株券発行会社における、株券失効制度が大切です

Q 静的安全ってどうして必要なの？

A 善意取得されないためだよ。

静的安全の保護

株券発行会社において、株式の動的安全を確保するだけでは、真実の株主が善意取得によって株式を失うおそれがあります。

この状態を放置すると出資を控える原因ともなるので、会社法は静的安全保護、つまり真実の株主を保護する制度も用意しています。

名義書換制度

名義書換制度によって、株式の譲受人は、いったん自分名義に株主名簿を書換えてしまえば、以後、株主権行使のために株券を呈示する必要はありません。そうすると、株券を喪失して善意取得される可能性も低下することになります。株券を持ち歩かなければ、盗まれたり落としたりすることがないからです。

株券不所持制度

株券不所持制度とは、株主の申出により、株主が株券を所持しないこととする制度です。

名義書換制度があるとはいっても、

株券を自己保管する以上、盗取されたり紛失する可能性はなくなりません。株券不所持制度を利用すれば株券を自己保管する必要がないため、善意取得される可能性はなくなります。

株券失効制度

株券失効制度は、株券を喪失してしまった場合の制度です。株券の紛失などは現実にはおこります。その場合に、株券失効制度によって株券を無効とすれば、以後、善意取得によって株式を失うおそれはなくなります。ただし、株券が無効となる前に善意取得されていた場合は、株券失効制度を利用しても、真実の株主には戻れません。

株券失効制度は、次のような流れになります。

①株券喪失登録申請

株券喪失者は、株券発行会社に対して、株券喪失登録の申請をすることができます。

②株券喪失登録

株券喪失登録の申請がなされたときは、株券発行会社は、株券喪失登録簿に喪失株券の番号等を記載しなければ

なりません。

③株券喪失登録の通知

株主名簿の名義人以外の者から登録申請がなされた場合は、会社は遅滞なく名義人に対して登録がなされた旨、および、株券番号・登録日等を通知しなければなりません。

④権利行使制限

株券喪失登録がなされた場合、株券発行会社は、株券喪失登録が抹消されるか株券が失効するまで、名義書換をすることができません。

⑤株券失効・再発行

株券喪失登録がなされた株券は、株券喪失登録がなされた日の翌日から起算して1年を経過した日に無効となります。その後、株券発行会社は、株券喪失登録者に、株券を再発行しなければなりません。

ポイント

静的安全保護の制度…善意取得を防止する制度
株券を喪失しないための制度
　⇒名義書換制度（130条1項）
　⇒株券不所持制度（217条）
株券を喪失した場合の制度
　⇒株券失効制度（221条）
　　株券が再発行される

ミニテスト

1　株式の譲受人は、いったん自分名義に株主名簿を書換えてしまえば、以後、株主権行使のために株券を呈示する必要はない。
2　株券不所持とは、株主の申出により、株主が株券を所持しないこととする制度である。
3　株券を喪失した者は、裁判所に対して、株券喪失登録の申請をすることができる。
4　株券喪失登録がなされた株券が無効となった後、株券発行会社は、株券喪失登録者に、株券を再発行しなければならない。

解答　1　○
　　　　2　○
　　　　3　×　裁判所ではなく、株券発行会社に対してです。
　　　　4　○

012 株主名簿

株主さんの名簿です

Q 株主名簿って何?
A 株主さんの名前・住所などが書いてある名簿だよ。

意義・趣旨

株主名簿とは、その名のとおり、株主についての名簿です。株主に関する事項を明らかにするため会社法上作成を要する帳簿です。

株式会社では、株式譲渡によって会社と無関係に株主が変更されるので、会社が常に真実の株主に権利を行使させなければ適法とはいえないとすると、事実上その事務処理は不可能になります。また、株券不発行会社では株券が存在しないため、株券の占有をもって第三者に対する対抗要件とすることができません。そこで、会社の事務処理上の便宜および株券不発行会社における第三者との法律関係に簡明な処理のため、会社にとって誰が株主かを決定する基準として、株主名簿制度が採用されたのです。

株主名簿制度の採用により、株主は、会社から各種の通知を受けることができ、権利行使の機会を失わずにすみます。また、株主は、権利行使のたびごとに株券を呈示する必要がなくなり、株券を紛失したり盗まれたりする危険を軽減でき、株主の静的安全の保護につながります。さらに、株券不発行会社においては、第三者に対する対抗要件とすることができます。したがって、株主名簿制度は、会社の事務処理上の便宜のためだけでなく、株主の利益にもなります。

名義書換

譲渡や相続など、取得事由を問わず、株式を取得した者は会社に対し株主名簿の名義書換を請求できます。

名義書換の請求にあたっては、株券発行会社の株主は会社に対し株券を呈示しなければなりません。他方、株券不発行会社の株主は、株式譲渡人などとともに請求を行わなければなりません。

名義書換請求を受けた会社は、請求者が無権利者、例えば、盗んだとか拾っただけで真実の株主ではないなどを証明できる証拠がない限り、名義を書換えなければなりません。

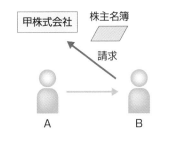

す。

例えば、株主総会に出席し、権利を行使すべき株主は、決算日現在における株主です。そこで、決算日現在における株主を確定しなければなりません。この方法として、基準日という制度があります。すなわち、株主総会に出席し、権利を行使することができる株主は、決算日における最終の株主名簿に記載された株主とすると決めるのです。

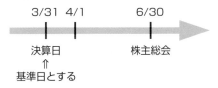

基 準 日

会社が一定の日を定め、その基準となる日において株主名簿に記載されている株主を、その権利を行使すべき株主とみなす制度です。その一定の日を基準日といいます。

会社が株主として権利行使させるべき者を確定する制度が基準日の制度で

ポイント

株主名簿
⇒株主に関する事項を明らかにするため作成を要する帳簿（121条）
基準日の制度
⇒会社が一定の日を定め、その基準となる日において株主名簿に記載されている株主を、その権利を行使すべき株主とみなす制度（124条）

ミニテスト

1 株主名簿とは、株主に関する事項を明らかにするため会社法上作成を要する帳簿である。
2 株式を取得した者は、会社に対して株主名簿の名義書換を請求できる。
3 会社が一定の日を定め、その基準となる日において株主名簿に記載されている株主を、その権利を行使すべき株主とみなす制度を、基準日の制度という。

解答 1 ○
2 ○
3 ○

`株式会社`

013 名義書換の効力

確定的効力が一番大切です

Q 確定的効力って何？

A 株主名簿の記載によって、誰が株主かを確定する力だよ。

資格授与的効力

名義書換の資格授与的効力とは、株主名簿に株主として記載されている者は、株主と推定されるという効力です。株主としての資格を授けられるという力です。

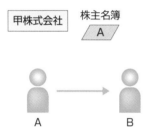

例えば、ある時点で真実の株主A、株主名簿上の株主A、という状態でしたが、後日、AがBに株式を譲渡したため、真実の株主B、株主名簿上の株主A、という状態になったとします。

この場合でも、会社との関係ではAが株主と推定されるのです。したがって、Aは会社がAを真実の株主ではないと証明した場合を除いて、当然に会社に対し株主権を行使できます。

免責的効力

名義書換の免責的効力とは、株主名簿に株主として記載されている者を株主として扱えば、会社は原則としてすべての責任から解放されるという効力です。会社が免責されるということです。

例えば前述の例で、会社がAに対して剰余金配当を行ったとします。この場合、真実の株主であるBが会社に損害賠償の責任を追及してくるかもしれませんが、会社は原則として損害賠償の責任は負わなくてよいのです。

ただし、会社が真実の株主はBであるということを知っていた場合や、知らなくても著しい不注意があった場合は会社を保護する必要はありません。そこで、会社は善意・無重過失でなければならないのです。

確定的効力

確定的効力とは、株主は名義書換を行わない限り、会社や第三者（株券発行会社では会社）に対して、株主であることを対抗できないという効力です。対抗力ともいいます。

会社に対抗できないだけですから、会社側からBを株主と認めることはで

26

きます。

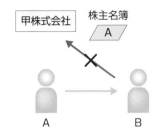

ポイント

名義書換の効力

資格授与的効力	株主名簿に株主として記載されている者は株主と推定される
免責的効力	株主名簿に株主として記載されている者を株主として扱えば、会社は、善意・無重過失であれば、すべての責任から解放される
確定的効力 （130条）	株主は名義書換を行わない限り、会社・第三者（株券発行会社では会社）に対して、株主であることを対抗できない

ミニテスト

1　株主名簿に株主として記載されている者を株主として扱えば、会社はすべての責任から解放されるという効力を、資格授与的効力という。

2　株主名簿に株主として記載されている者は株主と推定されるという効力を、免責的効力という。

3　株主名簿に株主として記載されている者を株主として扱えば、会社は、善意・無過失の場合に限り免責される。

4　株主は名義書換を行わない限り、会社などに対して株主であることを対抗することができないという効力を、確定的効力という。

5　確定的効力（対抗力）は、株主側から会社に対抗できないという効力であるから、会社側から株主と認めることはできる。

解答　1　× 免責的効力です。
　　　　2　× 資格授与的効力です。
　　　　3　× 善意・無重過失で足ります。
　　　　4　○
　　　　5　○

014 特別支配株主の株式等売渡請求

キャッシュ・アウトの制度です

Q キャッシュ・アウトって何？
A お金を払って締め出すことだよ。

意　義

　ある会社の総株主の議決権の90％以上を保有する株主を特別支配株主といい、この特別支配株主が、当該会社の他の少数株主に対して、その保有する株式の全部を自己に売り渡すように請求する制度です。

　少数株主を会社から締め出して（キャッシュ・アウト）、特別支配株主であった者が当該会社の株式を100％保有するための制度です。キャッシュ・アウトの方法として、従来よりも、時間的手続的なコストを削減するために、平成26年改正で新創されたものです。

株式等売渡請求

　特別支配株主は、当該会社および当該特別支配株主以外の株主全員に対し、その有する当該株式会社の株式の全部を当該特別支配株主に売り渡すことを請求することができます。これを株式売渡請求といいます。

　また、特別支配株主は、株式売渡請求をするのに併せて、その対象会社の新株予約権者の全員に対し、その有する新株予約権の全部を売り渡すことを請求できます。これは新株予約権売渡請求といいます。

　株式売渡請求の手続は次のようになります。

①株式売渡請求の方法

　株式売渡請求は、対象会社の株式を売り渡す株主である売渡株主に対して、その売渡株式の対価として交付する金銭の額またはその算定方法、その金銭の割当てに関する事項、特別支配株主が売渡株式を取得する日（取得日）などを定めて行います。

②対象会社の承認

　特別支配株主は、株式売渡請求をしようとするときは、対象会社に対し、その旨および①の事項を通知し、その承認を受けなければなりません。

③売渡株主に対する通知

　対象会社は、②の承認をしたときは、取得日の20日前までに、売渡株主に対して、当該承認をした旨、特別支配株主の氏名等、①の事項などを通知しなければなりません。

　対象会社が、この通知をしたときは、特別支配株主から売渡株主に対

し、株式売渡請求がされものとみなされます。時間的手続的なコストの削減からです。

④売渡株式の取得

株式売渡請求をした特別支配株主は、取得日に、売渡株式の全部を取得します。

⑤その他

株式売渡請求や売渡株式の取得に関する書面等の事前および事後の備置き・閲覧等、株式売渡請求の撤回、売渡株式の取得をやめることの請求、売買価格の決定の申立てなどの規定があります。

売渡株式等の取得の無効の訴え

株式等売渡請求の制度の新設に伴って、売渡株式等の取得の無効の訴えの制度も新設されました。

売渡株式等の取得の無効は、訴えをもってのみ主張することができます。訴えは、原則として取得日から6か月以内に、取得日において売渡株主であった者、対象会社の取締役・監査役などに限り、提起することができます。訴えの被告は、特別支配株主です。

ポイント

株式売渡請求の手続（179条〜179条の10）
- ❶株式売渡請求の方法
- ❷対象会社の承認
- ❸売渡株主に対する通知
- ❹売渡株式の取得

売渡株式等の取得の無効の訴え（846条の2）

ミニテスト

1　ある会社の総株主の議決権の90%以上を保有する株主を特別支配株主という。

2　特別支配株主は、当該会社および当該特別支配株主以外の株主全員に対して、その有する当該株式会社の株式の全部を当該特別支配株主に売り渡すことを請求できる。

3　売渡株式等の取得の無効の訴えの被告は、対象会社である。

解答　1　○
　　　　2　○
　　　　3　×　被告は特別支配株主です。

015 出資単位の調整

株価を上げたり下げたり…

Q 株価を上下させるにはどうしたらいいの？
A 発行している株式数を増減すればいいよ。

出資単位の決定と変更

　会社法は、出資単位、すなわち1株の価値＝株価をいくらとするかについて、各会社が自由に決定してよいとしています。

　出資単位が大きい場合と小さい場合の長所・短所は、次のとおりです。長短が反対になります。

		長　所	短　所
出資単位	小	・零細な資本しか有しない者も出資できる。 ・株式の流通性が高い。	・株主管理コストとの均衡がとれない。
	大	・株主管理コストとの均衡がとれる。	・零細な資本しか有しない者は出資できない。 ・株式の流通性が低い。

　そして、出資単位を大きくするには、発行済株式総数を減らせばよく、逆に、出資単位を小さくするには、発行済株式総数を増やせばよいのです。

$$\frac{会社財産}{発行済株式総数} ≒ 出資単位（1株の価値）$$

株式消却

　株式消却とは、会社がその存続中に特定の自己株式を絶対的に消滅させる行為です。

　取締役会非設置会社では取締役が、取締役会設置会社では取締役会が決定します。

　次の株式併合と同じく、発行済株式総数を減少させる会社の行為ですが、株式併合が全株式について一律に行なわれるのに対し、株式消却は自己株式についてのみ行われる点が異なります。

株式併合

　株式併合とは、数個の株式を併せて、発行済株式総数を減少させる会社の行為です。例えば、2株を1株にする、10株を9株にする、などです。

　会社は、株主総会の特別決議によって、株式を併合することができます。取締役は、株主総会において株式の併合が必要な理由を説明しなければなりません。併合比率によっては、少数の株式しかもたない株主が株主としての

地位を失ったりすることがあります。そこで、株主保護のために株主総会の特別決議を要求しています。

株式分割

株式分割とは、既存株式を細分化して発行済株式総数を増加させる会社の行為です。例えば、1株を2株に、10株を11株にするなどです。

株式分割は、株主総会の普通決議、または、取締役会設置会社においては取締役会決議により行います。

取締役会設置会社において取締役会決議で株式分割ができるのは、株式分割は株式併合と異なり、既存株主の利益を害することがないからです。

株式無償割当て

株式無償割当てとは、既存株主に対し、新たな払込をさせないで株式の割当てを行う会社の行為です。

株式無償割当ては、株主総会の普通決議、または、取締役会設置会社においては取締役会決議により行います。

自己株式に対する割当てが除外されていること、異なる種類の株式を割り当てられることなどで株式分割と異なります。

ポイント

出資単位を大きくする（株価を上げる）方法
　株式併合（180条）
出資単位を小さくする（株価を下げる）方法
　株式分割（183条）　株式無償割当て（185条）

ミニテスト

1　株式分割とは、数個の株式を併せて、発行済株式総数を減少させる会社の行為である。

2　株式無償割当てとは、既存株主に対し、新たな払込をさせないで株式の割当てを行う会社の行為である。

解答　1　× 株式併合です。
　　　　2　○

016 単元株制度

まとめて１単元です

Q 出資単位を大きくする他の方法は？

A 単元株制度を採用すればいいよ。

意　義

　１株の価値は大きくせずに、いくつかの株式をまとめたものを１単元とし、１単元の株式に１個の議決権を与える単元株制度を採用して、出資単位を大きくすることもできます。

　単元株制度とは、定款で定めた一定数の株式をまとめたものを１単元とし、１単元株式には１議決権を認めるが、単元未満株式には議決権を認めない制度です。

甲株式会社

株主Ａ
1000株⇒1単元
（1000株を1単元にする場合）

　一方で株主管理コストの削減を図りつつ、他方で株式の流通性を図るという利益の調整を図るため、会社に株式単位の決定権を与えることとした制度です。

　株式単位が小さすぎると、株主管理コストがかかりすぎて会社にとって負担が大きく、逆に、株式単位が大きすぎると、個人投資家の株式投資への参入が困難になって株式の流通性が害されるからです。

適用範囲

　原則として制限はありません。会社は定款の規定によって１単元の株式を定めることができます。ただし、１単元を構成する株式は、1000および発行済株式総数の200分の１に当たる数以内でなければなりません。議決権を有する株主があまりにも少なくなってしまうことを防ぐためです。

　また、種類株式を発行している会社では、１単元を構成する株式数は、種類株式ごとに定めなければなりません。種類株式ごとに出資単位が異なるのが通常だからです。

単元未満株主の権利

　1000株を１単元にする場合の前記の例で、株主Ａは1000株主でしたので１単元の株主になります。しかし、900株主の株主Ｂは、単元未満株主になっ

てしまいます。

　単位未満株式も株式ですので、本来は全株主権を与えるべきですが、それでは株主管理コスト削減という目的を達成できません。そこで、単元未満株主には、議決権は与えないことにしました。

　その代わりに、単元未満株主には、次の2つの権利が与えられています。

　まず、単元未満株主は会社に対し、株式買取請求権を行使できます。これによって投下資本の回収ができます。次に、単元未満株主は、定款に定めがあるときは、会社に対し、自己が保有する単元未満株と併せて1単元となる単元未満株の売渡しを請求することが

できます。株式売渡（買増）請求権です。前記のBが、あと100株売ってくれということです。

単元株式数の変更

　単元株制度の新設および1単元を構成する株式数を増加させる場合は、株主総会の特別決議によらなければなりません。

　他方、単元株制度の廃止および1単元を構成する株式数を減少させる場合には、取締役（取締役会設置会社においては取締役会決議）で足ります。これらの場合には、議決権は増加するだけで、株主に不利益はないからです。

ポイント

単元株制度
⇒定款で定めた一定数の株式をまとめたものを1単元とし、1単元株式には1議決権を認めるが、単元未満株式には議決権を認めない制度（188条1項、189条1項）
単元未満株主の権利
❶株式買取請求権（192条）
❷株式売渡請求権（194条）

ミニテスト

1　定款で定めた一定数の株式をまとめたものを1単元とし、1単元株式には1議決権を認めるが、単元未満株式には議決権を認めない制度を、[　　　]という。これにより、1株の価値を大きくせずに、出資単位を大きくすることができる。

解答　1　空欄には、単元株制度が入る。

017 設立

設立は、人間に例えると出生です

Q 発起人って誰？
A 定款に名前を書いた人だよ。

立法主義

法人の設立に関する立法主義には、特許主義、許可主義、準則（じゅんそく）主義などがあります。

株式会社などの会社の設立については、定められた規則に準じていけば設立できるとする準則主義が採られています。準則、すなわち、法の定めた手続条文を遵守すれば誰でも会社を設立できるとする主義です。比較的簡単に設立できる考え方です。

なお、株式会社の設立手続を定めた準則はそのほとんどが、資本充実に関するものになっています。株式会社の設立では、会社財産の確保が重視されるからです。

設立手続の主体

①発起人（ほっきにん）

設立手続の中心人物となるのは、発起人です。

発起人とは、定款に発起人として署名または記名押印した者をいいます。

会社の設立には様々な者が関わりますが、その中でも発起人は特別重い責任を負わされます。したがって、その重い責任を負う者の範囲を明確化するために、発起人は定款に「発起人Ａ」と署名等したＡというように、形式的に決定されるのです。

なお、発起人は、自然人であっても法人であってもかまいません。

②発起人組合

発起人組合とは、定款作成に先立ち、発起人相互間で締結される株式会社設立を目的とした組合契約（民法667条）です。ここで組合契約とは、各当事者が出資をして共同の事業を営むことを約束することによって成立する契約をいいます。

発起人は１人でもよいのですが、複数の発起人が存在する場合には、発起人間で、どんな会社を作るのか、設立手続を誰がどのように分担して行うのかということを約束、つまり契約します。各発起人は、この発起人間の契約で決められたとおりに役割を分担し、設立手続を進める義務を負い、この義務の履行として設立手続を進めるのです。

設立方法

株式会社を設立する方法には、次の2つがあります。

①発起設立

発起設立とは、設立に際して発行する株式の全部を発起人が引き受けて会社を設立する方法です。

発起人のみによる設立なので発起設立といいます。比較的小さな株式会社の設立向きです。

②募集設立

募集設立とは、設立に際して発行する株式の一部（最低1株）を発起人が引き受け、残余については他から引受人を募集して会社を設立する方法です。

発起人以外の者を募集するので、募集設立といいます。比較的大きな株式会社の設立向きです。

ポイント

株式会社の設立方法

発起設立	設立に際して発行する株式の全部を発起人が引き受けて会社を設立する方法（25条1項1号）
募集設立	設立に際して発行する株式の一部を発起人が引き受け、残余については他から引受人を募集して会社を設立する方法（25条1項2号）

ミニテスト

1 株式会社の設立については、許可主義が採られている。
2 発起人とは、定款に発起人として署名または記名押印した者をいう。
3 発起人組合とは、定款作成に先立ち、発起人相互間で締結される株式会社設立を目的とした組合契約である。
4 発起設立とは、設立に際して発行する株式の一部を発起人が引き受け、残余については他から引受人を募集して会社を設立する方法である。
5 募集設立とは、設立に際して発行する株式の全部を発起人が引き受けて会社を設立する方法である。

解答 1 × 準則主義です。許可主義とは、法人の設立に主務官庁の許可を必要とする主義です。

2 ○

3 ○

4・5 × 発起設立と募集設立の説明が逆になっています。

018 設立手続

設立中の会社は、人間に例えると胎児です

Q 設立手続の最初と最後は？

A 定款作成から始まって、設立登記で終わるよ。

定款の作成

設立手続は、定款の作成から開始されます。定款とは、会社の組織および活動を定める根本規則です。発起人はまず、この定款を作成しなければなりません。作成した定款は、公証役場で公証人の認証を得なければなりません。これで定款が効力を生じます。

社員の確定

①株式発行事項の決定

どのような種類の株式を、いくらで、何株発行するかを決定します。この決定には、発起人全員の同意が必要です。以上までは、発起設立と募集設立とも共通です。発起設立と募集設立とで相違が生じるのは、次の②からです。

②株式の引受け

発起設立の場合は全株式を、募集設立の場合はその一部を発起人が引き受けます。

さらに、募集設立の場合は、残余の株式について株式引受人を募集しなければなりません。この募集にあたって発起人は、株式申込人に設立に関する情報を通知します。会社の大綱と申込条件を株式申込人に知らせるためです。

③意思表示の瑕疵（かし：欠陥の意味）についての特例

民法では、意思表示に瑕疵がある場合（心裡留保、虚偽表示、錯誤、詐欺、強迫）には、無効または取り消されることになります。これを②の株式引受契約にそのまま適用すると、引受けが無効、取り消されて、会社は予定どおりの資本充実ができないことになります。

そこで会社法は、民法93条（心裡留保）、94条（虚偽表示）の規定は適用しない、一定の時期後は民法95条（錯誤）、96条（詐欺・強迫）の規定は適用しない、として民法の規定の適用を制限しています。

会社財産の確保

発起設立の場合は、発起人は株式引受けが確定した後遅滞なく、募集設立の場合は、引受人は払込期日または期間内に、全額の払込みまたは現物全部の給付（後述）をしなければなりませ

ん。

株式引受人が払込みを行わない場合には、株式引受人は当然に失権します。発起人の中に出資を履行しない者が存在するときは、失権予告付きの催告を行い、期日経過によって失権します。

設立過程の調査等

①設立時取締役等の選任

発起設立の場合は、発起人が1株1議決権の原則に従って設立時取締役・同監査役を選任します。募集設立の場合は、創立総会で設立時取締役・同監査役を選任します。

②調査

選任された設立時取締役・同監査役は、現物出資財産等の価額が相当であるか、出資の履行が完了しているか等を調査します。調査の結果、法令・定款違反または不当な事項があった場合は、発起人に通知するか、創立総会が変更します。

③創立総会

募集設立の場合、出資の履行が完了

すると、創立総会が開催されます。創立総会は、株式引受人全員で構成される設立中の会社の最高意思決定機関です。創立総会では、発起人から設立に関する事項の報告を受け、設立時取締役・同監査役を選任します。設立時取締役・同監査役は設立過程を調査して創立総会に報告し、創立総会は変態設立事項（後述）を不当と認めた場合は、これを変更できます。発起設立と募集設立とで相違が生じるのは、ここまでです。最後の設立登記は両者共通です。

設立登記＝会社成立

設立登記により会社は法人格を取得し、設立手続は終了します。会社が成立するのです。

なお、設立登記にはいくつかの付随的効果があります。株式引受けの無効の主張および取消が制限される、権利株の譲渡制限がなくなる、株券の発行が許されるなどです。

ポイント

設立手続
定款作成（26条）〜設立登記（49条）

 ミニテスト

1　募集設立の場合には、出資の履行が完了すると　　　　が開催される。

解答　1　空欄には、創立総会が入る。

019 定款

会社の根本規則です

Q 定款には何が書いてあるの？
A 会社名や会社の目的などだよ。

意 義

定款とは、会社の組織および活動を定める根本規則です。

定款の作成によって設立手続が開始され、定款は公証人の認証を受けることで効力が生じます。

定款の記載事項

定款の記載事項は、その効力の強弱によって、次の3つに分かれます。

①絶対的記載事項

絶対的記載事項とは、定款に必ず規定しなければならない事項で、規定を欠く場合は定款自体が無効となるものです。絶対に書かなければならないという、最も強い効力です。

②相対的記載事項

相対的記載事項とは、定款に規定しなくても定款自体は有効ですが、定款で定めない限りその事項の効力が認められない事項です。①と③とは違います。その中で、特に28条の列挙事由は変態設立事項と呼ばれます。変わった名称ですね!? 次のテーマで説明します。

③任意的記載事項

任意的記載事項とは、定款に記載せずに会社の規則等で定めても効力を生じますが、事を明確にする等の目的で定款に規定された事項です。書くのが任意すなわち自由という、最も弱い効力です。

	具 体 例
絶対的記載事項	目的、商号、本店の所在地、設立時に出資される財産の価額または最低額、発起人の氏名・名称および住所（27条）など
相対的記載事項	現物出資、財産引受け、発起人の報酬等、設立費用（28条）など
任意的記載事項	基準日、株主総会の議長など

定款変更

定款変更には、株主総会の特別決議が必要です。したがって、いったん定款に規定した事項は、株主総会の特別決議によらなければ変更できないことになります。

ポイント

定款
　会社の組織および活動を定める根本規則
　公証人の認証で効力が生じ、株主総会の特別決議で変更できる
定款の記載事項
　絶対的記載事項
　　⇒定款に必ず規定しなければならず、規定を欠く場合は定款が無効となる事項
　相対的記載事項
　　⇒定款に規定しなくても定款自体は有効だが、定款で定めない限りその効力が
　　　認められない事項
　任意的記載事項
　　⇒定款に記載せずに会社の規則等で定めても効力を生じる事項

 ミニテスト

1　定款に発起人として署名または記名押印した者を発起人というが、発起人は定款を
　作成しなければならず、作成した定款は、公証役場で公証人の認証を得なければな
　らない。
2　定款の相対的記載事項とは、定款に必ず規定しなければならない事項で、規定を欠
　く場合は定款自体が無効となるものをいい、会社の目的、商号などがその例であ
　る。
3　定款の絶対的記載事項とは、定款に規定しなくても定款自体は有効であるが、定款
　で定めない限りその事項の効力が認められない事項をいい、現物出資、財産引受け
　などがその例である。
4　任意的記載事項とは、定款に記載せずに会社の規則等で定めても効力を生じるが、
　事を明確にする等の目的で定款に規定された事項をいう。
5　いったん定款に規定した事項は、株主総会の特別決議によらなければ変更すること
　ができない。

解答　1　○
　　　　2　×　絶対的記載事項の説明です。
　　　　3　×　相対的記載事項の説明です。
　　　　4　○
　　　　5　○

020 変態設立事項

もちろん、変質者が会社を作るという意味ではありません

Q 変態ってどういう意味？

A 変った態様という意味だよ。

規　制

変態設立事項とは、28条に記載された4つの事項のことです。発起人の自由に任せるとその権限濫用によって、会社の財産的基礎を害するおそれがある事項です。

そこで、原則として、原始定款（最初に作る定款）への記載と、裁判所選任の検査役の調査を要求しました。この二重の手続を踏む必要があります。そして、検査役の調査の結果不当とされたときは、定款が変更されます。

変態設立事項

①現物（げんぶつ）出資

現物出資は、金銭以外の財産をもってする出資のことです。例えば、土地、建物などを出資して株式を割り当ててもらう場合です。

変態設立事項とされているのは、目的物を過大に評価して出資者に不当に多くの株式を与えると、会社の財産的基礎を害するとともに、金銭出資をした他の株主も害することになるからです。例えば、土地を5,000万円と評価したが、実は2,500万円だった場合な

ら、2,500万円分、会社の財産的基礎が害されます。

②財産引受け

財産引受けは、発起人が、会社のために、会社の成立を条件として特定の財産を譲り受けることを約する契約です。例えば、会社の成立を条件に土地、建物などを買う場合です。

変態設立事項とされているのは、目的物を過大に評価し不当に多額の対価（お金）を与えるならば、会社の財産的基礎を害することになるからです。また、現物出資の規制の潜脱手段（法のぬけ道）として利用される危険があるからです。例えば、土地を5,000万円と評価したが、実は2,500万円だった場合なら、2,500万円分、会社の財産的基礎を害しています。現物出資という出資行為を、単に売買という取引行為に変えただけで、全く同様の弊害があるのです。そのため、現物出資規制の潜脱防止のために規制されています。

③発起人の報酬・特別利益

発起人が設立中の会社の機関としてした労務に対する報酬で、会社の成立

後一時に支払われるものを、発起人の報酬といいます。

発起人の会社設立企画者としての功労に報いるために与えられる特別の財産上の利益で、発起人の報酬とは異なり通常会社の継続的負担となるものを特別利益といいます。例えば、会社の設備利用権の付与などです。

変態設立事項とされているのは、発起人が自らの利益のために恣意的に決定する危険が大きいからです。

④設立費用

設立費用は、発起人が設立中の会社の機関として支出した会社の設立のた

めに必要な費用です。例えば、定款や株式申込証の作成費、創立事務所の賃借料などです。

変態設立事項とされているのは、会社に無制限な設立費用の負担を認めると、濫費や過大な見積りによって成立後の会社の財産的基礎が害されるからです。そこで、例外があります。定款の認証手数料などは、定款に記載しなくても、当然に会社の負担になります。支出が必要的で、その額の決定について発起人の裁量の余地がなく、濫費の危険がないからです。

ポイント

変態設立事項（28条）

現物出資	金銭以外の財産をもってする出資
財産引受け	発起人が、会社のために、会社の成立を条件として特定の財産を譲り受けることを約する契約
発起人の報酬・特別利益	発起人が設立中の会社の機関としてした労務に対する報酬で、会社の成立後一時に支払われるもの（報酬） 発起人の会社設立企画者としての功労に報いるために与えられる特別な財産上の利益で、会社の継続的負担となるもの（特別利益）
設立費用	発起人が設立中の会社の機関として支出した会社の設立のために必要な費用

 ミニテスト

1　現物出資とは、金銭以外の財産をもってする出資をいう。
2　設立費用とは、発起人が設立中の会社の機関として支出した会社の設立のために必要な費用をいう。

解答 1　○
　　　 2　○

021 事後設立

事後的に行われる設立行為ではないか！　という言葉です

Q 事後設立は変態設立事項なの？

A 違うよ。

意　義

　ここで、現物出資や財産引受けと関連する事後設立を説明します。

　事後設立とは、会社成立後2年以内に、会社成立前から存在する財産を、会社の事業のために継続して使用する目的で、純資産額の5分の1を超える対価（お金）で譲り受ける契約です。

　事後設立の規制は、財産引受けの規制の潜脱防止のためです。これが趣旨です。

　財産引受けは、変態設立事項なので、定款記載と検査役の調査という規制があります。しかし、財産引受けは会社の成立を条件とするものなので、財産引受けといえるためには、契約が設立登記前になされている必要があります。もし、同じ契約を設立登記の翌日に行えば、財産引受けの規制は及ばないことになってしまいます。これはおかしいです。そこで、会社法は、株主総会の特別決議を要求したのです。

　なお、事後設立は財産引受けと違って、純資産額の20％を超えた対価を支払う場合でないと規制されません。したがって、規制としては財産引受けの場合より弱いことになります。その理由は、株主総会・取締役会・監査役等の監督、監査機関の存在しない時期に行われる財産引受けよりも、監督、監査機関の完備された時期に行われる事後設立の方が、危険性が低いと考えられるからです。

現物出資・財産引受け・事後設立

　ここで現物出資、財産引受け、事後設立という三者の関係についてまとめておきます。三者は、現物出資を出発点として、それぞれの潜脱防止という補充的な関係にあるからです。

①現物出資

| 設立中の会社 | （1株5万円で発行） |

土地・建物
出資 ↑

↓ 1,000株
（土地・建物を5,000万円と評価）

発起人A

②財産引受け

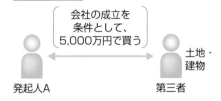

設立中の会社

発起人A ⟷ 第三者

会社の成立を条件として、5,000万円で買う

土地・建物

出資行為…現物出資

↑ 潜脱防止

取引行為…財産引受 ← 事後設立…取引行為

前　　会社設立　　後

ポイント

事後設立	会社成立後2年以内に、会社成立前から存在する財産を、会社の事業のために継続して使用する目的で、純資産額の5分の1を超える対価で譲り受ける契約（467条1項5号）

ミニテスト

1　現物出資とは、発起人が、会社のために、会社の成立を条件として特定の財産を譲り受けることを約する契約である。

2　財産引受けとは、金銭以外の財産をもってする出資である。

3　事後設立とは、会社成立後1年以内に、会社成立前から存在する財産を、会社の事業のために継続して使用する目的で、純資産額の5分の1を超える対価で譲り受ける契約である。

4　事後設立とは、会社成立後2年以内に、会社成立前から存在する財産を、会社の事業のために継続して使用する目的で、純資産額の10分の1を超える対価で譲り受ける契約である。

解答　1・2　× 説明が逆です。

　　　　　3　× 2年以内です。

　　　　　4　× 5分の1です。

株 式 会 社

022 設立の瑕疵

設立手続に欠陥がある場合です

> **Q** 設立の瑕疵（かし：欠陥の意味）では、何が一番大切なの？
> **A** 設立無効の訴えだよ。

設立の瑕疵

①会社の不成立

会社は設立登記によって成立するので、会社の不成立とは、会社の実体形成手続は開始されたが、結局設立登記に至らなかったという場合です。

②会社の不存在

会社の不存在とは、会社の実体と認めるべきものが全く存在しないか、あるいはほとんど存在しないにもかかわらず、設立登記だけがなされた場合です。設立登記はなされているので、不成立とは区別されます。

③設立無効

設立無効とは、会社の成立要件としての実体形成と設立登記をともに備えながら、設立無効判決が出された場合です。

設立無効の訴え

会社法は、設立無効の訴えという特別の訴えの制度を作って、次の３つの要請に沿う内容を定めています。

無効主張の可及的制限	できる限り無効の主張を制限する
無効の遡及効阻止	無効になっても遡及効を阻止する
法律関係の画一的確定	無効判決は、当事者以外の者にも効力をもつ

①無効原因

株式会社の場合には、客観的無効原因しか無効原因となりません。客観的無効原因とは、会社法の定める手続に違反したことを理由とする無効原因です。そして、客観的無効原因のすべてが無効原因となるわけではなく、株式会社の本質や強行法規に違反した場合に限定されます。例えば、定款の絶対的記載事項が欠けていた場合、定款について公証人の認証がない場合、設立時の資本充実に瑕疵がある場合などです。

②手続

誰が訴えを起こせるのか、いつまでに訴えを起こせるのかについては、無効主張の可及的制限、できる限り無効の主張を制限するという要請から、次のように限定されています。

提訴権者は、株主、取締役、執行

役、監査役、清算人に限られます。

　提訴期間は、会社成立の日から2年以内に限られます。

　また、設立を無効にするには、この訴えを起こすしか方法がありません。

③無効判決

　無効判決には遡及効（そきゅうこう）がなく、設立の無効は将来に向かってのみ効力を有します（将来効）。したがって、有効に成立した会社が解散した場合と同様に解散手続をとることになります。無効になっても遡及効を阻止するという無効の遡及効阻止の要請からです。

| 有効 | | | | 無効 |
| 設立 | | 無効判決 | | |

　無効判決が確定したときは、その判決は第三者に対しても効力を有します。例えば、他の株主Bにも効力を及ぼすということです。これを、対世的（たいせてき）効力（対世効）といいます。

　無効判決は、当事者以外の者にも効力を及ぼすとする法律関係の画一的確定、つまり、みんな同じ結果にするという要請からです。

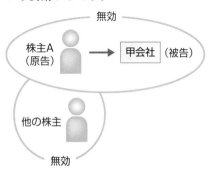

ポイント

設立無効の訴え（828条1項1号など）

無効主張の可及的制限	株主、取締役、執行役、監査役、清算人のみ 会社成立日から2年以内
無効の遡及効阻止	将来に向かってのみ効力を有する（将来効）
法律関係の画一的確定	第三者に対しても効力を有する（対世効）

ミニテスト

1　設立無効の訴えは、会社成立の日から2年以内に限られる。
2　無効判決には遡及効があり、過去にさかのぼって効力を生じる。
3　無効判決には対世効があり、第三者に対しても効力が生じる。

解答　1　○
　　　　2　×　無効判決には遡及効はありません。
　　　　3　○

023 設立関係者の責任

発起人などは厳しい責任を負います

Q 設立関係者では、誰が一番大切なの？

A 発起人だよ。

設立関係者の責任

株式会社の設立において、資本充実が重要です。したがって、設立手続において資本充実に反する行為がなされた場合には、極めて重い責任を負わせる必要があります。

発起人の負う責任が中心ですが、設立関係者の責任について会社法は、会社が成立した場合（設立登記がされた場合）と会社が不成立になった場合（設立登記がされなかった場合）で分けています。

会社が成立した場合

①発起人・設立時取締役・同監査役の責任

（A）不足額填補（てんぽ）責任

現物出資、財産引受の目的である財産について、会社成立当時における価額が定款に定めた価額に著しく不足するときは、発起人および設立時取締役は、会社に対し連帯してその不足額を支払う義務を負います。

例えば、現物出資において、株式引受契約の時に目的である土地を１億円と評価して定款に１億円と記載した

が、設立登記の時には土地が5,000万円に下落していた場合、不足額の5,000万円を支払うということです。

ただし、裁判所選任の検査役の調査を受けた場合、および、無過失を立証した場合は責任を負いません。

また、現物出資、財産引受の目的物の価額について証明をした弁護士等は、無過失を立証した場合を除いて、発起人・設立時取締役と連帯して不足額を支払う義務を負います。

（B）出資の履行を仮装した責任

平成26年改正によって、出資の履行を仮装した場合の責任が新設されました。後述する募集株式の発行等についても同様です。

（C）任務懈怠（けたい）による責任

発起人・設立時取締役・同監査役は、任務懈怠によって会社に損害を与えた場合、損害を賠償する責任を負います。

（D）第三者に対する責任

発起人・設立時取締役・同監査役は、職務を行うにつき悪意・重過失によって第三者に損害を与えた場合、損害を賠償する責任を負います。

②擬似発起人の責任

発起人と似ているので、擬似発起人といいます。発起人でないのに、株式募集の広告、その他株式募集に関する書面に自己の氏名、名称および会社の設立を賛助する旨の記載をすることを承諾した者は、発起人とみなして、発起人と同一の責任を負います。

③払込取扱機関の責任

募集設立の場合、払込金の取扱いをした銀行などの払込取扱機関は、保管証明責任を負います。後述する株式の仮装払込行為（主として預合い：あずけあい）の弊害を防止するために、資本充実の要請に基づいて規定された責任です。

会社が不成立の場合

会社が不成立の場合は、発起人が責任を負います。

発起人は、会社の設立に関してなした行為について連帯して責任を負い、また会社の設立に関して支出した費用は発起人の負担となります。

したがって、発起人は第三者に対する行為について責任を負うほか、株式引受人に対しても払込金を返還することを要し、さらに設立のために支出した費用についても定款に記載があると否とにかかわらず、全部発起人が負担することになります。

ポイント

会社成立の場合の発起人の責任
- 会社に対する責任
  - 不足額填補責任（52条）
  - 出資の履行を仮装した責任（52条の2）
  - 任務懈怠による責任（53条2項）
- 第三者に対する責任（53条2項）

会社不成立の場合の発起人の責任（56条）

ミニテスト

1 現物出資、財産引受けの目的である財産について、会社成立当時における価額が定款に定めた価額に著しく不足するときは、発起人・設立時取締役は、会社に対し連帯してその不足額を支払う義務を負う。
2 会社不成立の場合は、発起人は、会社の設立に関してなした行為について連帯責任を負い、会社の設立に関して支出した費用は発起人の負担となる。

解答 1 ○
2 ○

024 預合い

払込みを仮装するとても悪い行為です

Q 仮装払込みの具体例って何？

A 預合いや見せ金だよ。

仮装払込み

仮装払込みとは、形式的に払込みはあるが、実質的には資本が充実していない場合です。会社債権者保護のため会社財産を確保するために、仮装払込みを厳重に規制して、会社財産が不十分な会社の出現を防止しなければなりません。

会社法が明文で規定している預合いと、争いのある見せ金の2つの形態を説明します。

預合い

預合いとは、会社設立に際して発起人が、払込取扱機関から借財をし、これを払込金として会社の預金に振り替えるが、借財を返済するまではこれを引き出さないことを約束することです。

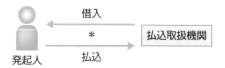

借入

＊

払込

発起人　　払込取扱機関

＊「帳簿上の操作」と「通謀」で行われる。

発起人と払込取扱機関との間で、（悪い意味で）信用を預け合うので、預合いといいます。両者が通謀して、グルになって行われ、単に払込取扱機関の帳簿上の操作、帳簿の上だけのお金の出し入れだけで行われます。非常に悪い行為です。これを許せば、財産のない会社が成立してしまいます。

①民事上の効果

預合いによる払込みは無効です。

「借財を返済するまでは引き出さない」とすると、設立登記後に事業資金として使用できる財産が存在しないことになります。これでは実質的に会社財産が確保されたとはいえません。

そこで、設立関係者の責任が生じます。

発起人・設立時取締役・同監査役は、任務懈怠によって会社に損害を与えた場合、および、職務を行うにつき悪意・重過失によって第三者に損害を与えた場合、損害を賠償する責任を負います。

募集設立の場合、払込取扱機関は、発起人の請求に応じ、株式払込金保管証明書を交付しなければなりませんが、この証明書を発行した払込取扱機関は、その証明した金額については、払込みがなかったことや、発起人との

間で借入金を返済するまでは払込金を引き出さない約束（預合いのこと）がある等を主張して、成立後の会社に払込金の返還を拒むことができません。**払込取扱機関の保管証明責任**です。例えば、1,000万円の払込金について預合いがなされた場合、払込取扱機関には1円も現金は入ってきていません。

しかし、1,000万円の保管証明書を発行した以上、成立後の会社からの返還請求を拒めないとして、会社の財産的基礎を確保しています。

②刑事上の効果

預合い罪（応預合い罪）が会社法で規定されており、最高刑は懲役5年です。

ポイント

預合い

民事上の効果	払込み無効 ⇒発起人・設立時取締役・同監査役の責任 ⇒払込取扱機関の保管証明責任（64条）
刑事上の効果	預合い罪（965条）

ミニテスト

1　仮装払込みとは、形式的に払込みはあるが実質的には資本が充実していない場合をいい、会社法が明文で規定している形態には、預合いがある。

2　預合いとは、会社設立に際して発起人が、払込取扱機関以外の第三者から借財をし、これを払込金として会社の預金に振り替えるが、借財を返済するまではこれを引き出さないことを約束することをいう。

3　払込取扱機関は、保管証明をした金額について、預合いの約束があることを主張して、成立後の会社に払込金の返還を拒むことができない。

4　預合いを行った場合は、民事上無効であるだけでなく、刑事上の効果として刑罰が科される。

解答　1　○

2　×「払込取扱機関以外の第三者」からではなく、「払込取扱機関」から借財をします。

3　○

4　○

025 見せ金

本当はお金がないのに、あるように見せるだけです

Q 見せ金は有効なの？
A 無効だよ。

意　義

見せ金とは、会社設立に際して発起人が、払込取扱機関以外の第三者から借財をし、これを払込金として会社の預金にあてるが、会社成立後間もない時期にこれを引き出して第三者に返済する行為です。図の①〜④のように、グルっとお金が一回りするだけです。

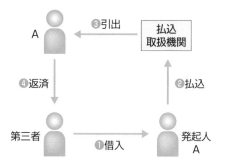

預合いとの相違点

預合いと見せ金とを比較すると、どちらも株式払込仮装の手段である点は共通ですが、次の3点が異なります。

	預 合 い	見 せ 金
資金の借入先が払込取扱機関か否か	払込取扱機関	払込取扱機関以外の第三者
現実の金員の移動の有無	現実に金員の移動はない（払込取扱機関の帳簿上の操作で行われる）	現実に金員の移動がある
払込取扱機関との通謀の有無	発起人と払込取扱機関との間で通謀がある	通常、通謀はなく、払込取扱機関は事情を知らない

効　果

見せ金の場合、実際に金員が移動し短期間ではあるが資本が充実するので、預合いは無効だとしても、見せ金は有効ではないかが争われていますが、見せ金による払込みは無効です（判例・通説）。なぜなら、実際の金員の移動や短期間の資本充実は当初から

50

計画された仮装払込みのためのからくりの一環にすぎず、全体的にみれば資本は充実していません。また、見せ金を有効とすると、預合いの潜脱となってしまうからです。

ただし、見せ金の場合は実際に金員の移動があるため、見せ金かどうかの判断は微妙です。他人から借りたお金で払込みをすること自体は問題ないからです。そこで判例は、次の3つの基準から見せ金かどうかを判断しています。

返済までの期間の長短	短ければ短いほど見せ金と認定されやすい
会社資金としての運用の有無	運用の事実が少なければ少ないほど見せ金と認定されやすい
会社財産全体に与える影響の大小	影響が大きければ大きいほど見せ金と認定されやすい

次に、設立関係者の責任が問題となります。

発起人・設立時取締役・同監査役は、任務懈怠によって会社に損害を与えた場合、および、職務を行うにつき悪意・重過失によって第三者に損害を与えた場合、損害を賠償する責任を負います。ここまでは、預合いと同様です。

しかし、払込取扱機関の保管証明責任は預合いとは異なります。見せ金の場合、発起人と払込取扱機関との間に通常は通謀がないことから、常に保管証明責任を負わせるのは払込取扱機関に酷です。そこで、払込取扱機関が悪意・重過失の場合のみこの責任を負わせます。

また、罪刑法定主義（「法律なければ犯罪なく、法律なければ刑罰なし」という近代刑法の大原則）から、預合い罪の会社法965条を類推適用することはできないので、会社法上は刑事上の効果、つまり刑罰はありません。

ポイント

| 民事上の効果のみ | 払込み無効
⇒発起人・設立時取締役・同監査役の責任
⇒払込取扱機関の保管証明責任（悪意・重過失の場合） |

ミニテスト

1 発起人が、払込取扱機関以外の第三者から借財をし、これを払込金として会社の預金にあてるが、会社成立後間もない時期にこれを引き出して第三者に返済する行為を□□□という。

解答 1 空欄には、見せ金が入る。

026 機関

具体的には、株主総会や代表取締役などのことです

Q 機関はなぜ必要なの？

A 会社が人間ではないからだよ！

意　義

機関とは、法律上会社自体の意思決定・活動と認められる会社の組織上一定の地位にある自然人または自然人の集団をいいます。

そもそも機関とは何か、なぜ機関が必要なのでしょうか。

その答えは、会社が法人だからです。会社は法人なので、頭もなければ体もありません。そこで、会社の組織上一定の地位にある自然人の意思決定・活動を会社自体の意思決定・活動と認める必要があるのです。

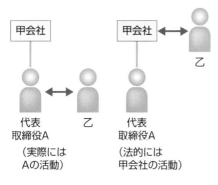

このような機関について、会社法は、極めて複雑な機関設計をしています。以下、機関設計に関して順次説明します。

機関設計

会社法が要求する最低限度の機関設計は、以下のとおりです。

①すべての株式会社は、株主総会と取締役が必要です。

②公開会社、監査役会設置会社、監査等委員会設置会社、指名委員会等設置会社は、取締役会が必要です。

　ここで、公開会社とは、その発行する全部または一部の株式の内容として譲渡による当該株式の取得について株式会社の承認を要する旨の定款の定めを設けていない株式会社をいいます。簡単にいうと、全部譲渡制限以外の会社です。

　監査役会を置く監査役会設置会社などについては、後述します。

③取締役会設置会社（監査等委員会設置会社と指名委員会等設置会社を除く）は、監査役が必要です。ただし、公開会社でない会計参与設置会社は、この限りではありません。

　会計監査人設置会社（監査等委員会設置会社と指名委員会等設置会社を除く）は、監査役が必要です。

　監査等委員会設置会社と指名委員

会等設置会社は、会計監査人が必要です。

④公開会社である大会社（監査等委員会設置会社と指名委員会等設置会社を除く）は、監査役会と会計監査人が必要です。非公開の大会社も、会計監査人が必要です。

ここで、**大会社**とは、最終事業年度の貸借対照表上の資本金額が5億円以上の会社、または、負債額が200億円以上の会社をいいます。

ポイント

公開会社	発行する全部または一部の株式の内容として譲渡による当該株式の取得について株式会社の承認を要する旨の定款の定めを設けていない株式会社（2条5号）
大会社	最終事業年度の貸借対照表上の資本金額が5億円以上の会社、または、負債額が200億円以上の会社（2条6号）

 ミニテスト

1 機関とは、法律上会社自体の意思決定・活動と認められる会社の組織上一定の地位にある自然人または自然人の集団をいう。

2 機関設計として、会社法は、すべての株式会社に、株主総会と取締役を必要としている。

3 公開会社とは、その発行する全部の株式の内容として譲渡による当該株式の取得について株式会社の承認を要する旨の定款の定めを設けている株式会社である。

4 大会社とは、最終事業年度の貸借対照表上の資本金額が5億円以上の会社で、かつ、負債額が200億円以上の会社である。

5 監査役会設置会社、監査等委員会設置会社、指名委員会等設置会社には、取締役会が必要である。

解答
 1 ○
 2 ○
 3 × 非公開会社の定義になっています。
 4 ×「かつ」ではなく「または」です。
 5 ○

027 株主総会

株主の会議です

Q 株主総会はいつ開かれるの？
A 6月下旬に開く会社が多いよ。

意　義

株主総会とは、株主によって構成される、会社の意思を決定する必要的機関です。必要的機関なので、必ず設けなければなりません。

会社の持ち主である株主による会議です。現実には、多くの株式会社が6月下旬に集中的に開催しています。

権　限

株主総会は会社所有者である株主によって構成されています。したがって、本来は会社に関する一切の事項について決定できるはずです。しかし、会社の合理的経営を確保しようとした場合、会社の規模および公開性と無関係に株主総会に大きな権限を与えたのでは、かえって不合理な場合があります。

そこで会社法は、株主総会に会社の意思を決定する権限を与えつつも、会社の規模および公開性に応じて、その権限に差異を設けることにしています。

すなわち、取締役会非設置会社では、株主総会は万能の機関です。一切の事項について会社の意思を決定できます。これに対し、取締役会設置会社では、万能の機関ではありません。会社法と定款に規定された事項の2つについてしか会社の意思を決定できません。区別が必要です。

取締役会非設置会社の株主総会	株式会社に関する一切の事項についての会社の意思決定
取締役会設置会社の株主総会	会社法・定款に規定された事項についての会社の意思決定

招　集

株主総会は招集によって始まります。定時株主総会と臨時株主総会の2種類があります。

定時株主総会は、毎年1回一定の時期に招集される株主総会です。通常、計算書類の報告・承認および利益処分の決議がなされます。臨時株主総会は、必要に応じて随時に招集される株主総会です。

①招集権者

招集権者は、原則として、取締役か取締役会ですが、例外として株主が招集できる場合もあります。

原則	取締役会非設置会社	取締役が招集を決定
	取締役会設置会社	取締役会が招集を決定
例外	公開会社	6か月前から総株主の議決権の100分の3以上を保有する株主は、株主総会の招集を請求し、または、自ら株主総会を招集できる
	非公開会社	総株主の議決権の100分の3以上を保有する株主は、株主総会の招集を請求し、または、自ら株主総会を招集できる

②招集通知

株主への招集通知は、1週間前または2週間前に発送しなければなりません。

ただし、株主全員の同意があるときは、招集手続を省略することができます。

	公開会社	非公開会社
取締役会非設置会社		原則1週間、定款でこれより短い期間を定めた場合はその期間前までに、発送しなければならない。電磁的方法も可
取締役会設置会社	2週間前までに、発送しなければならない。電磁的方法も可	原則として1週間までに、発送しなければならない。電磁的方法も可

ポイント

招集権者と招集通知（原則）

取締役会非設置会社	取締役が決定し、原則1週間前に通知
取締役会設置会社	取締役会が決定し、原則1週間前（非公開会社）・2週間前（公開会社）に通知

ミニテスト

1　取締役会設置会社の株主総会は、株式会社に関する一切の事項についての会社の意思を決定することができる。

2　株主総会には、毎年1回一定の時期に招集されて、計算書類の報告・承認や利益処分の決議などが行われる定時株主総会と、必要に応じて随時に招集される臨時株主総会の2種類がある。

解答　1　×　一切の事項についてできるのは、取締役会非設置会社の方です。
　　　　　2　○

028 株主総会の議事運営

総会当日の様子を見てみましょう

Q 総会は、誰が運営するの？
A 議長だよ。

株主総会の成立

招集通知に記載された日時・場所に株主が出席し、定足数が充足され、取締役が出席したうえ、議長が定足数を充足していることを確認報告し、開会を宣言すれば、株主総会が適法に成立します。

議長の選任・権限

議長は、定款に特段の定めがない場合は、株主総会で選任します。

議長には、総会屋を排除して総会運営の適正化を図るために、強力な権限が与えられており、秩序維持権・議事整理権があり、命令に従わない者その他総会の秩序を乱すものを退場させることができます。

株主提案権

株主提案権は、株主の意見を株主総会に反映させ、会社と株主、株主相互間の意思の疎通を図るために、株主の権利の強化として認められる権利です。次のように要件が異なります。

取締役会設置会社	公開会社	6か月前から総議決権の1%以上か300個以上の議決権を保有する株主であれば、提案権を行使できる
	非公開会社	総議決権の1%以上か300個以上の議決権を保有する株主であれば、提案権を行使できる
取締役会非設置会社	非公開会社	株主であれば、提案権を行使できる

ところで、株主提案権の内容の1つに、株主が提案しようとする議案の要領を株主へ通知するよう請求する権利がありますが（議案要領通知請求権）、令和元年改正により、取締役会設置会社では、1人の株主が通知請求できる議案の数が10個に制限されました。1人の株主から膨大な数の議案が提出されるなどの濫用事例への対策です。

取締役・会計参与・監査役などの説明義務

会議において、そのメンバーが議題について質問する権利を有することは当然ですが、株主総会の審議を活発化して会社と株主の対話を促進するため、株主に質問権があることを前提としたうえで、取締役などの説明義務を明文化しています。

決議事項の限定

取締役会設置会社では、株主総会で決議できる事項は、招集通知に記載された事項に限られます。したがって、議題を変更したり、議題にない事項を追加して決議することはできません。招集通知に記載されていない事項を議題とすると、その議題の内容について株主が準備したり、決議に参加する機会を奪うことになるからです。

これに対し、取締役会非設置会社で は、特に制限はありません。

株主総会検査役

株主総会の混乱が予想される場合などに、株主総会招集の手続および決議の方法が公正かどうかを調査し、その証拠を保全して株主総会運営の適正化を図るために、会社または株主は検査役の選任を裁判所に請求することができます。次のように要件が異なります。

取締役会設置会社	公開会社	会社または6か月前から総議決権の1%以上を保有する株主
	非公開会社	会社または総議決権の1%以上を保有する株主
取締役会非設置会社	非公開会社	

議事録の作成・備置

株主総会の議事については議事録を作成しなければなりません。議事録は、10年間本店に、その写しを5年間支店 に備え置き、株主・会社債権者の閲覧・謄写の請求に応じなければなりません。

ポイント

議事運営の諸制度
❶議長（315条）
❷株主提案権（303条）
❸取締役等の説明義務（314条）
❹総会検査役（306条）
❺議事録（318条）

 ミニテスト

1 取締役会非設置会社においては、株主であれば、株主提案権を行使することができる。

2 会社または一定の要件を満たす株主は、株主総会検査役の選任を裁判所に請求することができる。

解答 1 ○ 2 ○

029 株主の議決権

1株につき1票が原則です

Q 選挙みたいに、1人1票なの？

A 違うよ。

原則とその制限

株主の議決権とは、株主総会の議案の決議に加わる権利をいいます。例えば、「Xを取締役として選任する件」について、投票する権利です。

議決権の数について、1株（または1単元）につき1個の議決権という1株1議決権の原則が採られています。1株持っているAが1票であれば、2株持っているBは2票です。

しかし、議決権自体が制限される例外もあります。1株でも0票です。主な例をあげます。

自己株式	会社が自分自身の管理運営を行うのは背理だし、もし議決権行使を認めると、投資の危険を負わない取締役によって会社が支配されてしまうから
相互保有株式	総株主の議決権の4分の1以上の株式を保有されている会社（被支配会社）が、保有している支配会社の株式で議決権を行使すると、支配会社の株主総会の公正を害するおそれがあるから
単元未満株式	株主管理コストの削減のため

議決権の行使方法

株主は、自ら株主総会に出席して議決権を行使するほか、次のような方法でも議決権を行使できます。

①代理行使

株主は、代理行使、つまり代理人によって議決権を行使することができます。本来、議決権は株主自ら行使するのが原則ですが、必ず株主自身の出席を要求することは無理であり、出席できない株主の議決権行使を保障しなければならないからです。

②書面投票制度

書面投票制度は、株主総会に出席しない株主が書面によって議決権を行使する制度です。株主が1,000人以上いる場合に、義務づけられています。

③電子投票制度

電子投票制度（電磁的方法による議決権の行使）は、インターネットを利用した投票です。株主総会ごとに、電子投票による議決権行使を採用することができます。

議決権の行使方法の制限

①議決権の不統一行使の制限

株主が２個以上の議決権を有する場合に、一定の合理的な理由があれば、その議決権を不統一行使できます。例えば、100株を有する株主が70株は賛成、30株は反対などです。これは、株主が株式の信託（管理処分を任せること）を受けている場合など、他人のために株式を保有している場合には、実質上の株主の意向に従って議決権を行使することを認める必要があるからです。

しかし、議決権の不統一行使を無制限に認めると、不必要な不統一行使の結果、会社の事務処理を複雑化しますので、会社は、株主が株式の信託を引き受けたなど、他人のために株式を有することを理由としないときは、議決権の不統一行使を拒否できます。

②定款による代理人資格の制限

わが国の多くの会社は、定款によって、株主の議決権行使の代理人資格を当該会社の株主に限定する旨を定めています。そのため、会社に知り合いがいなければ代理人を選べないなど、代理人選任に関して株主は制限を受けることになります。そこで、代理人による議決権行使を認めている310条との関係で、当該定款規定は有効なのかが問題となります。

判例は、当該定款規定は、株主総会が第三者により撹乱されることを防止して、会社の利益を保護する趣旨にでた合理的理由による相当程度の制限であって、有効であるとしています。

ポイント

議決権（行使方法）の制限

議決権の制限（308条）	自己株式 相互保有株式 単元未満株式
議決権の行使方法の制限	不統一行使の制限（313条） 定款による代理人資格の制限（判例）

ミニテスト

1　判例は、株主総会において議決権を行使する代理人を株主に限る旨の定款の規定を□□□□としている。

　解答　　1　空欄には、有効が入る。

030 決議方法

多数決にも、いろいろあります

Q 多数決の原則となる数字はいくつ？

A 26％の賛成だよ。

決議の種類

原則として、多数決が妥当します。ただし、株主総会が決議すべき事項は多岐にわたり、会社にとっての重要性が異なるため、会社法は決議方法を3つに分けています。

ここで簡単に、普通決議と特別決議の2つを説明します。具体的な数字を当てはめるとわかりやすくなります。

まず、普通決議です。仮に、総議決権数を100個とすると、定足数は51個以上。そして、出席株主の議決権数が51個だったとすると、可決数は26個以上。最低、総議決権数の4分の1超ということです。26％という数字です。

次は、特別決議です。定足数は同じです。出席株主の議決権が51個だったとすると、可決数は34個以上。最低、総議決権数の3分の1超ということです。34％という数字です。特別決議の方が、要件が重いことがわかります。

決議方法	定足数	可決数	具体例
普通決議	定款に別段の定めがない場合、総議決権数の過半数を保有する株主の出席	定款に別段の定めがない場合、出席株主の保有議決権数の過半数	・取締役選任 ・監査役選任 ・役員報酬決定 ・取締役解任
特別決議	定款に特別の定めがない場合、総議決権数の過半数を保有する株主の出席	定款に特別の定めがない場合、出席株主の保有議決権数の2/3以上	・監査役解任 ・自己株式有償取得 ・資本減少 ・定款変更
特殊決議		定款に特別の定めがない場合、株主の半数以上、かつ、総議決権の2/3以上など	・譲渡制限創設

なお、取締役または株主が株主総会の議案を提案した場合に、株主の全員が書面または電磁的記録によって同意の意思表示をしたときは、当該提案を可決する旨の総会決議があったものとみなされます。

多数決の例外

多数決には少数派株主の利益を害するという弊害があります。そこで、一

定の場合には多数決の例外・制限を認めています。

①多数決の限界

株主平等原則に反するような決議、強行法規に反するような決議などは、多数決によってもできません。例えば、100株未満しか保有していない株主には配当は行わないという決定を多数決でしても、無効です。

②多数決の修正

一定の重要な議案に反対する少数派の株主は、自己が保有する株式を公正な価格で買い取るように会社に対して請求することができます。これを、反対株主の株式買取請求権といいます。

また、累積投票の制度もあります。一種の比例代表制です。2人以上の取締役を選任する際に、1株について選任される取締役の数と同じ議決権を与え（3人選ぶ場合であれば、3票）、かつ、得票数の多い者から順に取締役として選任する制度です。取締役会を構成する取締役は、株主総会の多数決で選任されるので、どうしても少数派株主の利益を無視した経営を行いがちです。そこで、少数派株主の利益を代表する取締役を選任するために設けられたものです。

ポイント

決議方法
　　普通決議⇒特別決議⇒特殊決議　（309条）
多数決の修正
　　反対株主の株式買取請求権（116条）
　　累積投票（342条）

ミニテスト

1　総議決権の過半数を有する株主が出席して、出席した株主の議決権の3分の2以上で行われる決議を、普通決議という。

2　会社法109条1項に規定されている株主平等の原則に反する決議は、無効となる。

3　累積投票とは、2人以上の取締役を選任する際に、1株について選任される取締役の数と同じ議決権を与え、かつ、得票数の多い者から順に取締役として選任する制度である。

解答　1　×　特別決議の誤りです。
　　　　　2　○
　　　　　3　○

031 種類株主総会

種類株主による総会です

Q どんなケースがあるの？
A 拒否権付種類株主のケースなどだよ。

意　義

種類株主総会は、種類株主による株主総会です。会社が2種類以上の株式を発行している場合に、ある特定の種類の株主によって構成される、会社の意思決定機関です。

種類株主総会では、会社法および定款の規定事項に限り決議することができます。

ある種類の株主に損害を及ぼすおそれがある場合

①原則

種類株式発行会社が322条1項所定の行為をする場合で、かつ、ある種類株式の種類株主に損害を及ぼすおそれがある場合は、当該行為は、当該種類株主を構成員とする種類株主総会（当該種類株主にかかる株式の種類が2以上ある場合は、当該2以上の株式の種類別に区分された種類株主を構成員とする各種種類株主総会）の決議がなければその効力を生じません。すなわち、無効です。

ここで322条1項所定の行為には、株式併合、株式分割、株式無償割当

て、合併、会社分割などがあります。

②例外

種類株式発行会社は、ある種類株式の内容として、種類株主総会決議が不要である旨の定款規定を設けることができます。この場合には、一部を除き、種類株主総会決議が不要となります。

種類株主総会決議を必要とする定めがある場合

これは、拒否権付種類株式の場合です。

種類株式発行会社において、ある種類株式の内容として、株主総会において決議すべき事項について、当該決議のほかに、当該種類株式の種類株主を構成員とする種類株主総会の決議があることを必要とする旨の定めがある場合は、当該事項は、その定款の定めに従い、株主総会の決議のほかに、当該種類株主総会の決議がなければ、原則としてその効力を生じません。

種類株主総会の決議

①普通決議

定款に別段の定めがある場合を除いて、その種類株式の総株主の議決権の過半数を有する株主が出席し（定足数）、出席した当該株主の議決権の過半数（決議数）をもって行います。

②特別決議

当該種類株主総会において議決権を行使できる株主の議決権の過半数を有する株主が出席し（定足数）、出席した当該株主の議決権の3分の2以上に当たる多数（決議数）をもって行うのが原則です。

例えば、ある種類の種類株主に損害を及ぼすおそれがある場合の種類株主総会の決議などがその例です。

③特殊決議

当該種類株主総会において議決権を行使できる株主の半数以上であって（頭数）、かつ、当該株主の議決権の3分の2以上に当たる多数（株式数）をもって行うのが原則です。

例えば、譲渡制限種類株式に関して定款で定めるべき事項についての定款の定めを設ける際の種類株主総会の決議などがその例です。

株主総会の規定の準用

株主総会の権限、定時総会や臨時総会の招集、株主総会決議に関する規定を除いて、株主総会に関する規定は、種類株主総会に準用されます。つまり、同様になります。

ポイント

種類株主総会
❶ある種類の種類株主に損害を及ぼすおそれがある場合（322条）
❷種類株主総会の決議を必要とする旨の定めがある場合
　＝拒否権付種類株式（323条）

ミニテスト

1　種類株式発行会社が一定の行為をする場合で、かつ、ある種類株式の種類株主に損害を及ぼすおそれがある場合には、当該行為は、当該種類株主を構成員とする＿＿＿＿の決議がなければその効力を生じない。また、ある種類株式の内容として、株主総会において決議すべき事項について、当該決議のほかに、当該種類株式の種類株主を構成員とする＿＿＿＿の決議があることを必要とする旨の定めがある場合は、当該事項は、その定款の定めに従い、株主総会の決議のほかに、当該＿＿＿＿の決議がなければその効力を生じない。

解答　1　空欄には、種類株主総会が入る。

032 株主総会決議取消しの訴え

会社法上の訴えの中で、一番大切な訴えです

Q 決議が取り消されるとどうなるの？

A さかのぼって決議がなくなるよ。

取消原因

株主総会決議取消しの訴えを提起できる取消原因として、次の3つが規定されています。

①株主総会の招集手続または決議方法が法令・定款に違反し、または著しく不公正なとき。

例えば、株主Aに招集通知が発送されていなかった場合などです。

②株主総会の決議内容が定款に違反するとき。

③株主総会の決議について特別利害関係を有する者が議決権を行使したことによって、著しく不当な決議がされたとき。

手続

決議を取り消すには、決議取消しの訴えを起こすしか方法がありません。

①提訴権者

株主、取締役、執行役、監査役、清算人に限られます。平成26年改正により、ある株主総会決議によって株主としての地位を失った者も含まれます。

株主に関して、判例は、株主は、自己に対する株主総会の招集手続に瑕疵がなくても、他の株主に対する招集手続に瑕疵がある場合にも、株主総会決議取消しの訴えを提起できるとしています。

②提訴期間

決議の日から3か月以内に限られます。

判例は、株主総会決議取消しの訴えを提起した場合において、その提訴期間が経過した後に新たな取消事由を追加して主張することはできないとしています。

判決の効力

決議取消しの訴えを起こして、取消判決が下されると、決議は取り消されます。

①対世効

取消判決が確定したときは、その判決は対世的効力を有し、第三者に対しても効力を有します。

②遡及効

取消判決には遡及効があり、その決議は初めにさかのぼって効力を失います。つまり、遡及効は阻止されていない点に注意です。

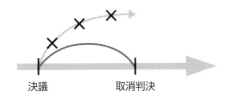

決議　　　　取消判決

裁量棄却

　取消原因の中には、株主総会の招集手続または決議方法が法令・定款に違反する場合があります。この取消原因は、招集手続や決議方法に関することなので、極めて軽微な違反ということもあります。例えば、株主Aへの招集通知はなかったが、Aは総会に出席し、誰かを取締役に選任する決議に賛成したという場合です。このような場合に、Aが決議取消しの訴えを起こし

たからといって、決議取消し判決をする必要はありません。

　そこで、会社法は、招集手続または決議方法が法令・定款に違反するときでも、裁判所は、その違反する事実が重大でなく、かつ、決議に影響を及ぼさないと認めるときは、請求を棄却（ききゃく：請求を退けること）できるとしているのです。裁判所の裁量で棄却できるので、これを裁量棄却といいます。

　些細な瑕疵で結果に影響を及ぼさないときにも常に決議を取り消さなければならないとすると、決議取消しの訴えが濫用されて、結果的に会社の利益を害し妥当でないからです。

ポイント

株主総会決議取消しの訴え

手　続	株主等が、決議日から3か月以内に訴える（831条1項）
判決の効力	対世効（838条） 遡及効（839条）

1　株主総会の招集手続または決議方法が法令・定款に違反し、または著しく不公正な場合には、決議取消しの訴えを提起することができる。
2　決議の取消しは、決議の日から6か月以内に訴えなければならない。
3　取消判決に遡及効はないので、その決議は将来に向かって効力を失う。

解答　1　○
　　　　2　× 3か月以内です。
　　　　3　× 遡及効があり、初めにさかのぼって効力を失います。

033 株主総会決議無効確認の訴え・不存在確認の訴え

総会決議の瑕疵に関するその他の訴えです

Q 無効と不存在は違うの？

A 違うよ。

株主総会決議無効確認の訴え

①無効原因

株主総会決議無効確認の訴えは、株主総会の決議内容が法令に違反する場合です。

例えば、株主平等の原則に反する決議、違法な剰余金配当決議などがこれに当たります。

これは、決議の内容的な瑕疵ですから、決議は当然に無効です。

②手続

提訴権者は、無効を主張する正当な利益がある者なら誰でも、提訴期間はいつまででも、です。

どんな方法で無効を主張してもかまわないので、無効判決は、当然無効な決議を無効と確認するだけです。

③判決の効力

無効判決が確定したときは、その判決は対世効を有し、第三者に対しても効力を有します。

また、無効判決は、初めにさかのぼって効力を有します。

株主総会決議不存在確認の訴え

①不存在の例

株主総会決議不存在確認の訴えは、株主総会開催の事実が全くないのに総会議事録だけが作成されたり、事実上決議があったとしても、決議の手続上の瑕疵が著しく、そのため決議が法律上存在すると認められない場合です。

決議が存在しないのですから、決議は当然に不存在です。

②手続

提訴権者は、不存在を主張する正当な利益がある者なら誰でも、提訴期間はいつまででも、です。

どんな方法で不存在を主張してもかまわないので、不存在判決は、存在しない決議を不存在と確認するだけです。

③判決の効力

不存在判決が確定したときは、その判決は対世効を有し、第三者に対しても効力を有します。

また、不存在判決は、初めにさかのぼって効力を有します。

決議取消しの訴えと 無効・不存在確認の訴え

決議取消しの訴えは、取消権者・提訴期間が制限され、訴えを起こすしか取消しを主張する方法がありません。

これに対して、決議無効・不存在確認の訴えの場合は、当然に無効あるいは不存在とされ、主張権者・提訴期間は制限されず、どんな方法で主張してもかまいません。

このような違いがあるのは、決議取消しの訴えの取消原因は、主に手続的な瑕疵で、その瑕疵は比較的軽微で、その判定も時間の経過によって困難となります。これに対して、無効原因は、決議の内容上の瑕疵で、その瑕疵は重大で、時間の経過とともに判定が困難となることもないからです。また、決議不存在は、手続的な瑕疵といっても、その瑕疵の程度が極めて重大だからです。

ポイント

株主総会決議無効確認・不存在確認の訴え

手　続	正当な利益がある者なら誰でも、いつまででも
判決の効力	対世効（838条） 遡及効（839条）

ミニテスト

1　株主総会の決議方法が法令に違反する場合には、決議無効確認の訴えを提起することができる。
2　株主総会の決議内容が定款に違反する場合には、決議無効確認の訴えを提起することができる。
3　株主総会の決議が法律上存在すると認められない場合には、決議不存在確認の訴えを提起することができる。
4　決議無効・不存在確認の訴えの場合は、当然に無効あるいは不存在とされ、主張権者や提訴期間は制限されず、どんな方法で主張してもかまわない。

解答　1・2 × 決議「方法」の法令違反や、決議内容の「定款」違反は、無効原因ではなく取消原因となります。無効は、決議内容の法令違反の場合です。区別が必要です。

3 ○
4 ○

034 取締役

経営の専門家です

Q 取締役は必ず必要なの？

A 必要だよ。

意　義

　取締役の定義は、会社の種類によっ
て次の2つに分かれます。

　取締役会非設置会社の取締役は、会
社の業務を執行する必要的機関です。
これに対し、取締役会設置会社の取締
役は、取締役会を構成し、会社の業務
執行の決定と取締役の職務執行の監督
権を有する者です。取締役会非設置会
社の取締役は、会社の機関ですが、取
締役会設置会社の取締役は、機関であ
る取締役会の構成員であって、会社の
機関自体ではないことに注意です。

被選資格・員数

①欠格事由

　会社法が定める欠格事由が存在する
者は、取締役にはなれません。例え
ば、法人、会社法違反等で刑に処され
執行が終わってから2年を経過しない
者などです。

②定款による資格制限

　公開会社においては、「取締役は必
ず株主の中から選任しなければならな
い」という趣旨の定款規定を設けるこ
とはできません。株式会社では所有と

経営が制度的に分離されています。そ
のため、会社の合理的経営の観点か
ら、取締役は十分な経営能力のある者
を選任しなければなりません。それに
もかかわらず、その選任母体を株主に
限定してしまうのはあまりに不十分で
す。適任者を株主以外の者からも広く
選ぶことができるようにするものです。

　ただし、非公開会社においては実質
的には所有と経営は一致しており、そ
の小規模性から株主以外の者から十分
な経営能力のある者を取締役とするこ
とは、容易ではありません。そこで、
非公開会社においては、「取締役は必
ず株主の中から選任しなければならな
い」という趣旨の定款規定を設けるこ
とができます。

③員数

　取締役会非設置会社では、1人以上

です。これに対し、取締役会設置会社では、**3人以上**です。取締役会を設置する場合には、取締役会で多数決が行われる以上、最低3人は必要ということです。

選任・終任

①選任

株主総会の普通決議で選任します。なお、定足数は、定款で定めても、総株主の議決権の3分の1未満にできません。

②終任

辞任や民法の定める契約の終了事由、欠格事由の発生でも終任しますが、重要なのは任期満了と解任の2つです。

取締役の任期は、原則として、選任後**2年**以内に終了する事業年度のうち最終のものに関する定時株主総会の終結の時までです。株主が取締役の経営者としての適否を判断する機会を多くして、会社経営の健全化を図るためで

す。ただし、非公開会社の取締役の任期は、選任後10年以内に終了する事業年度のうち最終のものに関する定時株主総会の終結の時まで伸長できます。実質的に所有と経営が一致している非公開会社では、株主が取締役の経営者としての適否を判断する機会を多くすることは現実的でないからです。

また、取締役は、原則として、株主総会の普通決議で解任できます。特別決議でないことに注意です。理由のいかんを問いませんが、正当な理由なく解任した場合は、会社は損害賠償をしなければなりません。

なお、違法行為を行った取締役が存在する場合には、株主総会決議の成否に関係なく解任できるとしなければ、会社に対する社会的信用が失われます。そこで、解任決議が成立しなかった場合でも、取締役に不正行為などがある場合には、株主は、裁判所に対し、取締役解任の訴えを提起できます。

ポイント

定款による資格制限
⇒公開会社で、「取締役は必ず株主の中から選任しなければならない」という定款規定を設けることはできない（331条2項）

ミニテスト

1　取締役は、原則として、株主総会の特別決議で解任することができる。

解答　1　× 原則、普通決議です。

69

035 取締役会

経営者の会議です

Q 取締役会は必ず必要なの？

A 取締役会設置会社だけだよ。

意　義

取締役会とは、取締役会設置会社において取締役全員によって構成され、会社の業務執行の意思決定と取締役の職務執行の監督をする権限を有する必要的機関です。

取締役会設置会社の株主は株主総会において会社の基本的事項を決定するにすぎません。そのため、取締役の権限は極めて広範かつ強力なものとなります。そこで、複数の取締役からなる取締役会制度を設け、取締役相互の慎重かつ公正な協議により、会社の業務執行に関する意思決定が適切なものとなるようにしたのです。

権　限

取締役会の権限は、会社の業務執行の意思決定と取締役の職務執行の監督などです。

第1に、業務執行の意思決定権限は、取締役会にあります。特に、会社にとって非常に重要な362条4項所定の事項は、取締役会で決定しなければなりません。

具体例

- 重要な財産の処分・譲受け
- 多額の借財
- 支配人その他の重要な使用人の選任・解任
- 支店その他の重要な組織の設置・変更・廃止
- 社債の発行
- リスク管理体制ないし内部統制システム
- 定款規定に基づく取締役等の責任の一部免除

ただし、日常的・細目的事項に関しては、絶対に取締役会で決定しなければならないというほど重要ではないので、代表取締役に委任されたものと推定されます。

第2に、取締役会は、取締役の職務執行の監督を行う権限を有しています。そのため、取締役会は最低でも3か月に1回は開催しなければなりません。

第3に、取締役会は、代表取締役の選定と解職を行う権限もあります。

招　　集

①招集権者

　原則として、各取締役が招集権限をもちます。取締役会で招集権者を決めたときは、その取締役が招集権をもちます。この場合でも、招集権をもたない取締役は一定の要件の下で取締役会を招集できます。

　なお、監査役非設置会社の株主や監査役設置会社の監査役にも、取締役会の招集権限があります。

②招集通知

　1週間前までに各取締役（監査役設置会社では取締役および監査役）に通知を発しなければなりません。定款でこの期間は短縮できます。

　通知は、口頭でも書面でもよく、議題を示す必要もありません。

　なお、取締役（監査役設置会社では取締役および監査役）全員の同意のあるときは、招集手続を省略できます。

ポイント

取締役会の権限（362条2項）
- ❶会社の業務執行の意思決定
- ❷取締役の職務執行の監督
- ❸代表取締役の選定・解職

取締役会の招集（原則）
　招集権者⇒各取締役
　招集通知⇒1週間前

ミニテスト

1　取締役会とは、取締役会設置会社において取締役全員によって構成され、会社の業務執行の意思決定と取締役の職務執行の監督をする権限を有する必要的機関である。
2　業務執行の意思決定権限は取締役会にあるので、重要な財産の処分・譲受けや多額の借財などの事項は、取締役会で決定しなければならない。
3　取締役会は、代表取締役の選定および解職を行うことはできない。
4　取締役会の招集は、原則として、各取締役が、1週間前までに通知を発して行う。

解答
　1　○
　2　○
　3　×　できます。
　4　○

036 取締役会の決議

会議の様子を見てみましょう

Q どのように決めるの？
A 多数決だよ。

決議の基準

通常の多数決で決議します。

すなわち、取締役会の決議は、取締役の過半数が出席し（定足数）、その出席取締役の過半数の賛成で行われます。この決議要件は、定款で重くすることはできますが、軽くすることはできません。

例えば、取締役が5人いる場合であれば、最低3人が出席し、2票で決まります。1人1議決権です。

このように議決権の基準が、1株1議決権の株主総会とは違います。

決議の方法

①書面決議・持ち回り決議

取締役が提案した議題について、取締役の全員が書面または電磁的記録により同意した場合は、当該議題を可決する取締役会決議があったものとみなす旨を、定款で定めることができます。

②議決権の代理行使

取締役に、議決権の代理行使をさせることは認められません。取締役は、個人的な能力や見識を信頼されて選任されているからです。

代理行使を認めている株主総会とは違います。

③特別利害関係人の議決権行使

決議について特別の利害関係を有する取締役は議決権を行使することができません。決議の公正を期するためです。

特別利害関係人でも議決権の行使自体は認めている（著しく不当な決議がされたときに取消しの訴え）株主総会とは違います。

議事録

取締役会の議事については議事録を作成し、10年間本店に備え置くことを要します。

株主は、権利行使に必要なときは、営業時間内はいつでも、取締役会の議事録の閲覧・謄写を請求することができます。

しかし、監査役設置会社などにおいては、株主が議事録を閲覧・謄写するには、裁判所の許可が必要となります。また、会社債権者や親会社社員も、裁判所の許可を得て、議事録の閲覧・謄写を請求することができます。

　なお、取締役会決議に参加した取締役のうち、議事録に異議を留めなかった者は、決議に賛成したものと推定されます。

ポイント

取締役会の決議
　決議の基準
　　1人1議決権
　決議の方法
　　書面決議・持ち回り決議　△
　　議決権の代理行使　×
　　特別利害関係人の議決権行使　×

ミニテスト

1　取締役会の決議は、原則として、取締役の過半数が出席し、その出席取締役の過半数の賛成で行われる。
2　取締役が提案した議題について、取締役の全員が書面または電磁的記録により同意した場合は、当該議題を可決する取締役会決議があったものとみなす旨を、定款で定めることができる。
3　取締役は、代理人によって議決権を行使することができる。
4　決議について特別の利害関係を有する取締役は、議決権を行使することができない。
5　会社債権者や親会社社員は、取締役会議事録の閲覧・謄写を請求することができない。
6　取締役会決議に参加した取締役のうち、議事録に異議を留めなかった者は、決議に賛成したものと推定される。

解答　1　○　1人1議決権です。
　　　　2　○
　　　　3　×　できません。株主総会との違いです。
　　　　4　○　株主総会との違いです。
　　　　5　×　裁判所の許可を得れば、できます。
　　　　6　○

037 特別取締役

いわゆる常務や専務です

Q どんな会社で必要なの？
A 大きな会社だよ。

意　義

特別取締役とは、取締役会から委任された一定の事項の決定を行う取締役をいいます。

この特別取締役による取締役会の決議の制度です。

制度の内容

一定の要件を満たす場合には、取締役会は、重要な財産の処分・譲受けおよび多額の借財についての取締役会決議を、あらかじめ選定した3人以上の取締役（＝特別取締役）によって行うことができる旨を定めることができます。

この2つの事項は、特に迅速な意思決定を図る必要があるからです。これらは、指名委員会等設置会社以外の取締役会設置会社における取締役会の専決事項のうちの2つの事項です。

なお、この制度は、取締役会で定めることができます。定款で定める必要はありません。

制度の要件

次の3つの要件を満たす場合に、定めることができます。

①指名委員会等設置会社を除く取締役会設置会社であること
②取締役の数が6人以上であること
③取締役のうち1人以上が社外取締役であること

②が要求されるのは、取締役が少人数の会社は通常の取締役会決議だけで迅速な意思決定を確保できるからです。取締役の最低人数である3人の倍です。

③が要求されるのは、迅速な意思決定の確保を認めることとの引き換えに、取締役会の監督機能を強化する必要があるからです。

ここで社外取締役とは、株式会社またはその子会社の業務執行取締役もしくは執行役または支配人その他の使用人でなく、かつ、その就任前10年間当該株式会社またはその子会社の業務執行取締役等であったことがない者などをいいます（2条15号）。平成26年改正で社外性の要件が変わりました。

決議の要件

特別取締役のうち、議決に加わることができるものの過半数が出席し（定足数）、その過半数をもって行う（決議数）のが原則です。

ポイント

特別取締役による取締役会の決議（373条）
決議事項
⇒重要な財産の処分・譲受けと多額の借財のみ
制度の要件
❶（指名委員会等設置会社を除く）取締役会設置会社
❷取締役数が6人以上
❸取締役のうち1人以上が社外取締役
決議の要件
⇒議決に加わることができるものの過半数が出席し、その過半数をもって行う

ミニテスト

1 一定の要件を満たす場合には、取締役会は、重要な財産の処分・譲受け、多額の借財、支配人その他の重要な使用人の選任・解任についての取締役会決議を、あらかじめ選定した3人以上の取締役によって行うことができる旨を定めることができる。
2 特別取締役による取締役会の制度は、取締役の数が5人以上であり、取締役のうち1人以上が社外取締役である場合に設置することができる。
3 特別取締役による取締役会の制度は、取締役の数が6人以上であり、取締役のうち2人以上が社外取締役である場合に設置することができる。
4 社外取締役とは、株式会社またはその子会社の業務執行取締役もしくは執行役または支配人その他の使用人でなく、かつ過去にもこれらになったことがないものをいう。
5 決議は、特別取締役のうち、議決に加わることができるものの過半数が出席し、その過半数をもって行うのが原則である。

解答 1 × 支配人その他の重要な使用人の選任・解任はできません。
2 × 取締役の数は、5人以上ではなく、6人以上です。
3 × 社外取締役の数は、2人以上ではなく、1人以上です。
4 × 過去に一度もなったことがないことまでは、要求されません。
5 ○

038 取締役会決議の瑕疵

株主総会決議の瑕疵と比較しましょう！

Q 取締役会の決議に瑕疵があったらどうなるの？

A 無効になるよ。

瑕疵の態様

取締役会の決議に瑕疵があるのは、次のような場合です。

①決議の不存在

取締役会が適法に構成されず、取締役会の外形すらも存在しないような場合です。

②招集手続の法令・定款違反

法令や定款に定められた招集期間を遵守しなかった場合、一部の取締役に招集通知もれがあった場合などです。

③決議方法の法令・定款違反

取締役以外の者が決議に参加した場合、例えば、議決権の代理行使が行われたような場合です。取締役は個人的信頼に基づいて選任された者だからです。

その他、定足数を欠いた場合などです。

④決議内容の法令違反

株主に追加出資義務を負わせる決議、株主平等の原則に反する決議、株主総会の決議に違反した決議などです。

瑕疵ある決議の効力

取締役会の決議の手続または内容に瑕疵がある場合は、株主総会の決議に瑕疵がある場合のような特別な規定はありません。株主総会の決議に瑕疵がある場合は、830条・831条という特別な規定が用意されています。

したがって、民法の一般原則により、原則として、当該決議は無効になります。

よって、当該決議が無効であることを、利害関係人は、時期・方法を問わず、主張できます。

瑕疵ある株主総会決議	特別の規定あり ⇒決議取消しの訴え ⇒決議無効・不存在確認の訴え
瑕疵ある取締役会決議	特別の規定なし ⇒原則、無効

一部の取締役への招集通知もれ

ただし、軽微な手続上の瑕疵によって取締役会決議が当然に無効になると考えるべきではありません。

そこで、一部の取締役に招集通知がなされず、そのために当該取締役が欠席して取締役会決議がなされた場合で

あっても、例外的に有効となる場合を認めるべきかどうかが問題となります。

判例は、原則として無効であるが、招集通知がもれた取締役が取締役会に出席しても決議の結果に影響を及ぼさない特段の事情がある場合（例えば、当該取締役が名目的取締役である等）には、**例外的に有効**である、としています。

なぜなら、このような場合にまで取締役会決議を無効とするのは、あまりにも形式的であり、法的安定性を害するからです。このような場合は、再度決議をやり直しても同じ結果となることが予想されます。

ポイント

瑕疵ある取締役会決議の効力
　原則⇒無効
　　　∵特別規定なし
　例外⇒有効
　　　（名目的取締役など）

ミニテスト

1　瑕疵のうち、招集手続の法令・定款違反の例には、法令や定款に定められた招集期間を遵守しなかった場合、一部の取締役に招集通知もれがあった場合がある。
2　瑕疵のうち、決議方法の法令・定款違反の例には、取締役以外の者が決議に参加した場合がある。
3　取締役会決議の手続または内容に瑕疵がある場合は、株主総会決議に瑕疵がある場合のような特別な規定はない。
4　取締役会の決議に瑕疵がある場合は、原則として当該決議は、取り消すことができる。
5　判例は、招集通知がもれた取締役が取締役会に出席しても決議の結果に影響を及ぼさない特段の事情がある場合には、当該取締役会決議は、例外的に有効であるとしている。

解答
1　○
2　○
3　○
4　×　無効となります。
5　○

039 代表取締役

会社の代表者です

Q 代表取締役＝社長なの？

A 違うよ。

意　義

代表取締役とは、対内的には業務を執行し、対外的には会社を代表する権限を有する機関です。代表行為とは、対外的な業務執行行為をいいます。会社代表権を有する機関の行為の効果は、当然に会社に帰属します。

取締役会設置会社の業務執行に関する意思決定は取締役会によって行われますが、取締役会は合議体なので、代表行為を行うには適していません。そこで、取締役会には業務執行の意思決定権限だけを与え、代表行為は代表取締役に行わせることにしました。

取締役会非設置会社では、取締役が会社を代表します。ただ、2人以上の取締役が存在する場合、全員に代表権を与えることが現実的でない場合もあります。この場合には、定款、定款規定に基づく互選、株主総会決議により代表取締役の選定を認め、代表行為は代表取締役に行わせることとしました。

選定・終任

①選定

取締役会設置会社では、取締役の中から、取締役会決議で選定しなければなりません。

取締役会非設置会社では、原則として取締役が会社を代表しますが、2人以上の取締役が存在する場合に、定款、定款規定に基づく互選、株主総会決議により選定することができます。

②員数等

員数に制限はないので、1人でも数人でもかまいません。

なお、社長・副社長などという名称は単なる会社内部の職階制にすぎず、会社法上は会社の責任の追及原因（354条、後述）となるほかは、全く意味はありません。注意が必要です。

代表取締役の氏名・住所は登記事項です。

③終任

代表取締役は、取締役の中から選定されますので、代表取締役が取締役の地位を失えば当然代表取締役でもなくなります。

また、取締役でありながら代表取締役の地位を失うこともあります。例えば、代表取締役を辞任した場合、代表取締役の任期が満了した場合、代表取

締役を解職された場合です。

権　　限

　代表取締役は、執行機関として内部的および対外的な業務執行にあたります。すなわち、株主総会または取締役会・取締役の決議をそのまま執行するほか、株主総会・取締役会により委ねられた範囲内において、自ら決定しかつ執行します。

　そして、対外的な業務執行も行うため、会社の代表権を有します。したがって、代表取締役の行った代表行為は会社の行為そのものとされ、その法律行為の効果は当然に会社に帰属するのです。

①対内的な業務執行権

　会社法上、代表取締役の職務とされているものを執行する権限です。例えば、株主名簿の備置き、株主総会および取締役会議事録の備置き、株式の名義書換などです。

②代表権

　代表取締役は、包括的・不可制限的な代表権をもちます。

　包括的とは、会社の業務に関する一切の裁判上または裁判外の行為をする権限をもつことを意味します。裁判上の行為とは訴訟行為のことで、代表取締役は原告または被告である会社を代表して訴訟行為を遂行できます。裁判外の行為とは取引行為のことです。

　不可制限的とは、その権限を会社内部で制限してもその制限の存在を知らない第三者には対抗できないということを意味します。例えば、代表取締役による事業資金の借入れ額に制限を設けていたとしても、それを知らずに制限超過額を貸した第三者には、借入れ制限を主張できないということです。

ポイント

代表取締役の代表権
⇒包括的・不可制限的性質（349条4項・5項）

ミニテスト

1　取締役会設置会社においては、代表取締役は、取締役の中から取締役会決議で選定しなければならない。
2　代表取締役は、会社の業務に関する一切の裁判上または裁判外の行為をする権限をもち、その権限を制限しても善意の第三者には対抗できない。

解答　1　○
　　　　　2　○

040 表見代表取締役

民法の表見代理の代表取締役バージョンです！

Q 表見代表取締役って何？

A 表面的には代表取締役に見える場合だよ。

趣　旨

株式会社は、代表取締役以外の取締役に社長、副社長その他株式会社を代表する権限を有するものと認められる名称を付した場合には、当該取締役がした行為について、善意の第三者に対してその責任を負います。これが表見代表取締役の制度です。

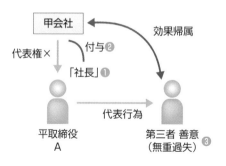

Aは単なる平取締役なので、自己の行為の効果を会社に帰属させることはできないはずです。したがって、甲会社と相手方間には契約は成立しないことになります。

しかし、「社長」という名称があることから相手方がAに代表権があるものと信じてしまう場合があり得ます。それにもかかわらず契約は無効としたのでは、相手方の取引の安全は害され

ます。

そこで、354条は権利外観法理に基づいて、「社長」という名称からAに代表権があると信じた相手方を保護したのです。権利外観法理とは、真実の権利関係と見かけの権利関係（＝外観）が異なる場合に、一定の要件を具備すれば真実の権利関係ではなく見かけの権利関係で法律問題を処理するという法理です。つまり、見た目どおりに扱う、という考えです。

取締役が複数存在する場合には会社は代表取締役を選任できるので、会社に代表権を有する取締役と代表権を有しない取締役が存在する場合があります。しかし、それは単なる会社内部の事情にすぎず、会社が代表権のない取締役に代表権の存在を誤信させる名称を付与する場合もあります。354条は、この場合に外観を信頼した第三者を保護する趣旨です。

要　件

権利外観法理における一定の要件として、次の3つの要件を具備しなければなりません。

①**外観の存在**

　真実の権利関係とは異なる虚偽の外観が存在しなければなりません。

　354条の場合であれば、平取締役なので代表権はないという真実の法律関係とは異なる「社長」「副社長」などの外観が必要です。

②**帰責性**

　虚偽の外観の作出に関して本人に責任がなければなりません。

　354条の場合であれば、会社が社長などの名称を付与した場合です。

③**外観の信頼**

　相手方は、真実の権利関係と外観が異なることについて善意かつ無重過失でなければなりません。

　354条の場合であれば、相手方は平取締役なので代表権はないという真実の法律関係について善意・無重過失でなければなりません。

効　果

　354条が適用された場合、会社は効果帰属を否定できません。責任を負うことになります。

ポイント

表見代表取締役（354条）
　権利外観法理
　⇩　要件
　❶外観の存在
　❷帰責性
　❸外観の信頼

ミニテスト

1　株式会社は、代表取締役以外の取締役に社長、副社長その他株式会社を代表する権限を有するものと認められる名称を付した場合であっても、当該取締役がした行為について、善意の第三者に対してその責任を負うことはない。

2　権利外観法理とは、真実の権利関係と見かけの権利関係が異なる場合に、一定の要件を具備すれば真実の権利関係ではなく見かけの権利関係で法律問題を処理するという法理である。

解答　1　× 責任を負います。
　　　2　○

041 代表行為の瑕疵

無権代表は、民法の無権代理の代表取締役バージョンです！

Q 無権代表って何？

A 権限がないのに代表行為が行われる場合だよ。

無権代表

無権代表行為、例えば、株主総会決議や取締役会決議に反する代表行為、これらの決議を欠く代表行為の効力について、明文の規定がなく問題となります。

具体的には、取締役会設置会社において、代表取締役が必要とされる取締役会決議を経ずに多額の借財をしたような場合です。

判例は、民法93条1項ただし書（平成29年民法改正前は、民法93条ただし書）を類推適用して、相手方が悪意・有過失なら無効としています。

なぜなら、民法93条1項ただし書は、本来内心的効果意思と表示との不一致について相手方が悪意・有過失であれば意思表示を無効とする規定ですが、決議に基づかない行為などの場合は、内部的意思決定がないにもかかわらず、それをあると表示している点において、心裡（しんり）留保に類似していると考えられるからです。

> 民法93条の心裡留保
> 　心裡留保とは、表意者が真意で

ないことを知りながらした意思表示をいいます。嘘、冗談がその例です。

売主Aと買主Bとの間の売買契約を例に、買主Bが嘘をつく場合で考えましょう。この場合のBを、心裡留保の意思表示を表示する者なので、表意者といいます。Aはその相手なので、相手方といいます。例えば、Bは心の中で買うつもりなんか全くなく、買おうとは思っていません。それにもかかわらず嘘をついて「売ってください」と言った場合です。内心の意思は買うつもりがないにもかかわらず、表示は売ってくださいとなっています。つまり、意思と表示の不一致というケースです。

このような心裡留保の場合、AとBでは嘘つきのBが悪いので、もしAが、その嘘を信じたらAを守るべきです。そこで民法は、心裡留保を、原則として表示どおりに、そのまま有効としました（93条1項本文）。買うと言った以上、

Bは買うことになります。

　ただ、次の場合はどうでしょう。Aが、Bは嘘をついていることを知っていた、または、注意すればわかったという不注意があった、というように相手方が悪意、または、相手方に過失があった場合です。悪意で考えるとよりわかりやすいです。Bは買うつもりがなく、Aもそれを知っていた。そのような場合にまで効力を認める必要はないので、民法は、例外として無効としました（93条1項ただし書）。

　以上から、心裡留保は、原則として有効だが、例外として、相手方が悪意または相手方に過失があったときは無効となります。

代表権の濫用

　代表権の濫用とは、客観的には代表権の範囲内にある行為を、主観的には自己または第三者の利益を図る目的で行う場合をいいます。

　具体的には、客観的には代表権の範囲内に属する会社の事業資金の借入れを、主観的には自己消費の目的で行ったような場合です。

　判例は、まず、代表権の範囲は取引の安全の見地から客観的に決定すべきであるから、権限濫用の代表行為であっても、代表取締役の主観的意図にかかわらず代表権の範囲内として有効と考えます。

　しかし、相手方が濫用の意図を知っている悪意の場合にまで会社に効果が帰属するとしたのでは会社にとって酷です。そこで、平成29年民法改正前の判例は、代表権の濫用にも民法93条ただし書を類推適用して、相手方が悪意・有過失の場合は無効としました。

　平成29年民法改正によって、代理権濫用について、相手方が悪意・有過失のときは無権代理になる旨の規定が設けられたので（民法107条）、今後はこの規定の適用または類推適用がされると考えられます。

ポイント

無権代表と代表権の濫用
原則⇒有効
例外⇒無効　∵民法93条1項ただし書類推適用または民法107条（類推）適用

ミニテスト

1　無権代表行為の場合には、判例は、民法93条1項ただし書を類推適用して、相手方が悪意・有過失の場合は無効とする。

解答　1 ○

株式会社

042 会計参与

取締役といっしょに計算書類を作ります

Q 会計参与になれるのは誰？
A 会計士さんや税理士さんだよ。

意　義

　会計参与とは、取締役と共同して、計算書類・臨時計算書類・連結計算書類等を作成する機関です。

　株式会社は、適時かつ正確な会計帳簿を作成しなければなりません。この適時かつ正確な会計帳簿の作成権限は、原則として取締役にありますが、取締役には必ずしも適時かつ正確な会計帳簿の作成に関する能力があるとは限りません。

　そこで、会計帳簿の適時性・正確性を確保するために、会計参与の設置を選択できるようにする必要があるのです。

権限と義務

①**計算書類等作成権限**

　取締役と共同して、計算書類とその附属明細書、臨時計算書類、連結計算書類の作成権限を有します。

②**会計帳簿等閲覧謄写権**

　いつでも、会計帳簿またはこれに関する資料の閲覧・謄写ができます。

③**報告請求権**

　いつでも、取締役・支配人・その他の使用人に報告を求めることができます。

④**子会社調査権**

　子会社に対し報告を求め、または、業務・財産状況を調査できます。

⑤**株主総会報告権**

　計算書類の作成に関して取締役と会計参与の意見が相違する場合は、株主総会において意見を述べることができます。

⑥**株主・監査役(会)に対する報告義務**

　職務を行うに当たって、取締役の不正の行為、または重大な法令・定款違反を発見した場合は、株主（監査役設置会社では監査役、監査役会設置会社では監査役会）に報告しなければなりません。

⑦**取締役会出席意見陳述義務**

　計算書類を承認する取締役会に出席し、必要な場合は意見を述べなければなりません。

選任・解任・任期・被選資格

①**選任・解任・任期**

　会計参与は、取締役同様、株主総会の普通決議によって選任されます。ま

た、いつでも、株主総会の普通決議で解任できます。ただし、正当な理由なく解任された場合は、解任によって生じた損害の賠償を請求できます。

任期も、取締役同様、原則2年です。ただし、非公開会社では、10年まで伸長できます。

以上、すべて取締役と同じです。

②被選資格

会計参与は、公認会計士・監査法人・税理士・税理士法人でなければなりません。会計の専門家から選ぶからです。

③欠格事由

会計参与設置会社またはその子会社の取締役・監査役・支配人・その他の使用人や、業務停止処分を受け、その停止期間を経過しない者などは、会計参与となることができません。

④意見陳述

会計参与は、株主総会で、会計参与の選任・解任・辞任について意見を述べることができます。また、辞任した会計参与は、辞任後最初に招集された株主総会で、辞任した旨とその理由を述べることができます。

ポイント

会計参与の被選資格
⇒公認会計士・監査法人・税理士・税理士法人（333条1項）

ミニテスト

1　会計参与とは、監査役と共同して、計算書類・臨時計算書類・連結計算書類等を作成する機関である。

2　会計参与は、株主総会の普通決議によって、選解任できる。

3　会計参与の任期は、原則として1年である。

4　会計参与は、公認会計士・監査法人でなければならない。

5　会計参与設置会社またはその子会社の取締役・監査役・支配人・その他の使用人や、業務停止処分を受け、その停止期間を経過しない者などは、会計参与となることができない。

解答　1　×　監査役ではなく、取締役と共同してです。
　　　　　2　○
　　　　　3　×　2年です。
　　　　　4　×　その他、税理士・税理士法人でもOKです。
　　　　　5　○

043 監査役

チェック役の人です

Q 監査役は必ず必要なの？
A 任意だよ。

意　義

監査役とは、取締役（会計参与）の職務執行の監査をする権限を有する機関です。

取締役の職務執行については、取締役会非設置会社においては株主・株主総会が、取締役会設置会社では、取締役会・株主・株主総会が監督を行います。しかし、株主に十分な監督能力があるとは限りません。また、取締役会による監督は自己監督であり、その実効性に疑問が残ります。

そこで、会計・業務に関して取締役（会計参与）の職務執行を監査するための内部機関として、監査役や監査役会の設置を選択できるようにする必要があります。そして、公開会社については、多数の利害関係者を保護するために、監査役の設置を強制しなければなりません。

選任・終任

①選任

株主総会の普通決議で選任します。定足数は、定款で定めても、総株主の議決権の３分の１未満にはできませ

ん。これは、取締役と同じです。

取締役が監査役選任議案を株主総会に提出するには、監査役の同意を得なければなりません。また、監査役は、監査役の選任を株主総会の議題としたり、監査役選任議案を提出することを、取締役に請求できます。

監査役は、株主総会で、監査役の選任について意見を述べることができます。これは、会計参与と同じです。

②員数

１人でも数人でもかまいません。

③被選資格

欠格事由が存在する者は、監査役にはなれません。例えば、法人、成年被後見人・被保佐人などが規定されています。これは、取締役と同じです。

また、公開会社では、定款で定めても被選資格を株主に限定できません。適任者を株主以外の者からも広く選ぶことができるようにするためです。これも、取締役と同じです。

監査役の独立性を確保するため、監査役は、会社もしくは子会社の取締役もしくは支配人その他の使用人、または子会社の会計参与・執行役を兼ねる

ことはできません。兼任禁止規定です。兼任すると、監査する人と監査される人が同じ人になってしまうからです。

④終任

辞任や民法の定める契約の終了事由、欠格事由の発生でも終任しますが、重要なのは任期満了と解任の2つです。

A任期満了

監査役の任期は、選任後**4年**以内に終了する事業年度のうち最終のものに関する定時株主総会の終結の時までです。監査役の地位を強化するため、取締役の2年よりも長い任期が定められています。

これに対し、非公開会社の監査役の任期は、選任後10年以内に終了する事業年度のうち最終のものに関する定時株主総会の終結の時まで伸長できます。

B解任

監査役は、株主総会の**特別決議**で解任できます。取締役のように普通決議（原則）でないことに、特に注意が必要です。

正当な理由なく解任した場合は、会社に損害賠償責任が生じます。

不正行為などがあったにもかかわらず、解任決議が否決された場合は、株主は、裁判所に解任の訴えを提起できます。

監査役は、解任について株主総会で意見を述べることができます。なお、監査役を辞任した者は、辞任後最初に開かれる株主総会に出席して、辞任した旨とその理由を述べることができます。これは、会計参与と同じです。

ポイント

監査役の選任・解任

選　任	株主総会の普通決議
解　任	株主総会の特別決議　＊取締役は普通決議（原則）

ミニテスト

1　監査役の任期は、選任後2年以内に終了する事業年度のうち最終のものに関する定時株主総会の終結の時までである。

2　監査役は、株主総会の普通決議で解任することができる。

解答　1　×　4年です。

　　　　2　×　特別決議です。

044 監査役の権限

監査役は、会計と業務を監査します

Q 監査役の権限は何？
A 会計監査と業務監査の２つだよ。

会計監査権限

監査役の会計監査において最も重要なのは定時株主総会に提出される決算監査ですが、監査役はここで、取締役の提出した計算書類・事業報告および附属明細書について監査報告書を作成する権限をもちます。

業務監査権限

取締役や会計参与の職務執行については、取締役会がこれを監督するのが本筋です。しかし、取締役会を構成する取締役同士の馴れ合いから、取締役会による監督は実際には期待薄です。そこで、監査役にも業務監査権限を与えて、取締役会による自己監督の不十分さを補うためにあります。

ただし、監査役会設置会社でも会計監査人設置会社でもない非公開会社では、監査役の権限を定款で会計監査権限に限定することができます。監査役設置会社とは、業務監査権限を有する監査役が存在する会社ですから（2条9号）、この定款規定を設けた会社は、監査役設置会社ではないことに要注意です。

取締役会は、自己監督として当然、業務の妥当性まで監督することができます。これに対し、監査役が適法・違法のレベルの適法性監査権限を有することは当然ですが、妥当性監査権限まで有するかについては争いがあります。監査役は適法性監査権限のみを有し、妥当性監査権限までは有しないとするのが通説です。

具体的権限

監査役の具体的権限は、次のとおりです。

①調査権限

A事業報告要求権・業務財産調査権

いつでも取締役・会計参与・支配人その他の使用人に対して事業の報告を求め、会社の業務および財産の状況を調査することができます。

B子会社調査権

子会社に事業の報告を求めたり、子会社の業務および財産状況の調査ができます。

C取締役の報告を受ける権利

取締役は、会社に著しい損害を及ぼすおそれがある事実を発見したとき

は、直ちに監査役に報告しなければなりません。

②是正権限

A 取締役会出席意見陳述義務

取締役会に出席し、必要があると認めるときは意見を述べなければなりません。

B 取締役（取締役会）への報告義務

取締役が不正の行為をしたり、当該行為をするおそれがあると認める場合などには、取締役（取締役会）に報告しなければなりません。

C 取締役会招集請求権・招集権

取締役会の招集を請求したり、自ら取締役会を招集することができます。

D 取締役の違法行為差止請求権

取締役の違法等の行為によって会社に著しい損害が生じるおそれがある場合には、差止めを請求できます。

E 会社・取締役間の訴訟提起権

会社と取締役との間の訴訟においては、監査役が会社を代表します。

F 各種訴訟提起権

株主総会決議取消の訴えなどを提起できます。

③報告権限

A 監査報告書の作成

毎決算期に監査報告書を作成して取締役に提出しなければなりません。

B 株主総会提出書類の調査・報告義務

取締役が株主総会に提出する書類を調査し、法令・定款違反や著しく不当な事項を発見した場合は、それを株主総会に報告しなければなりません。

ポイント

監査役の権限（381条1項）
❶会計監査
❷業務監査（適法性のみ）

ミニテスト

1　監査役会設置会社でも会計監査人設置会社でもない非公開会社では、監査役の権限を定款で会計監査権限に限定することができる。

2　監査役は、適法性監査権限のみでなく、妥当性監査権限まで有しているとするのが通説である。

解答　1　○
　　　　2　×　適法性監査権限のみを有し、妥当性監査権限までは有しないとするのが通説です。

045 監査役の独立性の確保

例えれば、「司法権の独立」です

Q 監査役の報酬はどこで決めるの？

A 株主総会だよ。

意　義

　監査役は、各自が独立してその権限を行使することができる、独任性の機関です。そこで、監査役の場合、その独立性を確保するための制度が必要となります。

　ほかの制度に例えれば、三権分立の原則における、裁判所の「司法権の独立」のようなものと考えてください。

具体的制度

　具体的な制度は、次のとおりです。

①任期の法定

　任期が4年と長く、その短縮を許さないことによって、監査役の独立性を確保します。

②意見陳述権

　選任・解任・辞任・報酬について、株主総会で意見を述べることができます。これによって、取締役が提出した監査役の独立性を害するような議案が、安易に株主総会の承認を受けることを防止できます。

③兼任禁止

　監査役は、会社もしくは子会社の取締役もしくは支配人その他の使用人、または子会社の会計参与・執行役を兼ねることはできません。同じ人では、十分な監査を期待することができないからです。

④報酬

　監査役の報酬は、定款に定めがなければ、株主総会の決議で定めます。監査役の報酬を取締役とは別個に定めることによって、報酬面から監査役の独立性を確保するものです。監査役の報酬を取締役・取締役会が定めるとすれば、監査される人が監査する人の報酬を決めることになってしまうからです。

　さらに、報酬の分配は取締役・取締役会ではなく、監査役の協議によって定めます。これも独立性の確保のためです。

⑤監査費用

　民事訴訟法の一般原則を適用すると、監査費用の立証責任は監査役にあることになります。民事訴訟法では、ある事実を主張する側にその事実の立証責任があるからです。

　しかし、この原則を貫くと、立証困難な監査が行われなくなるおそれがあります。

そこで、立証責任を監査役から会社に転換して、十分な監査が行えるようにしています。監査役が会社に対して監査費用の請求をしたときは、当該会社は、監査に必要でないことを立証した場合を除き、その請求を拒否できないのです。

監査費用についての立証責任の転換

原則どおりだと…

388条だと…

ポイント

監査役の独立性確保の制度
1. 任期の法定（336条）
2. 意見陳述権（345条4項、387条3項）
3. 兼任禁止（335条2項）
4. 報酬（387条1項・2項）
5. 監査費用（388条）

ミニテスト

1　監査役は、その選任・解任・辞任について、株主総会で意見を述べることができるが、報酬については意見を述べることができない。
2　監査役は、会社もしくは子会社の取締役もしくは支配人その他の使用人、または子会社の会計参与・執行役を兼ねることができない。
3　監査役の報酬は、定款に定めがなければ株主総会の決議で定め、報酬の分配は、監査役の協議によって定める。
4　監査役が会社に対して監査費用の請求をしたときは、当該会社は、監査に必要でないことを立証した場合を除き、その請求を拒否できない。

解答　1　×　報酬についても、意見を述べることができます。
　　　　2　○
　　　　3　○
　　　　4　○

046 監査役会

監査役さんの会議です

> **Q** 監査役会の人数は？
> **A** 3人以上だよ。

意　義

監査役会とは、監査役全員によって構成され、監査報告の作成、監査方針の決定等を行う機関です。

各監査役の役割分担を容易にし、情報の共有を可能にすることにより、組織的・効率的監査を可能にするために制度化されました。

監査役の員数・社外監査役

監査役会設置会社においては、監査役は3人以上で、そのうち半数以上は社外監査役でなければなりません。

また、監査役会は、監査役の中から、常勤監査役、つまり他に常勤の仕事がなく会社の営業時間中その職務に専念する監査役を選定しなければなりません。

ここで社外監査役とは、その就任前10年間当該株式会社またはその子会社の取締役、会計参与もしくは執行役または支配人その他の使用人であったことがない者などをいいます（2条16号）。平成26年改正で社外性の要件が変わりました。

ここでクイズです！

以上の会社法の条文から考えると、監査役会設置会社において、社外監査役さんの最低人数は何人でしょうか？

3人のうちの半数以上ですから、答えは「最低2人」になりますね。半数といっても1.5人というわけにはいかないからです。

権　限

監査役会は、監査報告の作成、常勤監査役の選定・解職、監査方針・会社の業務財産状況の調査方法等の決定などの権限を有します。

ただ、監査役会では多数決が妥当するため、少数派の意見が無視されるおそれがあり、かえって監査の実効性を害する可能性もあります。そこで、会社法は、監査役会制度の存在を前提としながらも、個々の監査役の権限行使を妨げることができない旨を明文で規定しています。そのため、監査役会の決議いかんにかかわらず、各監査役は、独立して、取締役会を招集し、取締役等に事業報告を求めたり、取締役の行為の差止めをすることができることになるのです。

このようにして、監査役会の制度を前提としつつ、個々の監査役が独任制であることの長所も残そうとしているのです。

招集・決議

監査役会は、各監査役が招集します。原則として、監査役会の日の1週間前までに、その通知を発しなければなりませんが、監査役全員の同意がある場合は、招集手続を経ずに開催できます。

監査役会の決議は、監査役の過半数をもって行います。

社外取締役の設置義務

監査役会設置会社のうち、公開会社かつ大会社であり、金融商品取引法により有価証券報告書の提出義務を負うものは、社外取締役を置かなければなりません。令和元年の改正点です。

ポイント

監査役会の構成（335条3項）
　監査役は3人以上
　　　⇩
　そのうち半数以上は社外監査役
　　　⇩
　社外監査役は、就任前10年間、自社や子会社の取締役等でなかった者など
監査役会の権限（390条2項）
　❶監査報告の作成
　❷常勤監査役の選定・解職
　❸監査方針・会社の業務財産状況の調査方法等の決定

ミニテスト

1 　監査役会設置会社においては、監査役は3人以上で、そのうち過半数は社外監査役でなければならない。
2 　監査役会は、監査報告の作成、常勤監査役の選定・解職、監査方針・会社の業務財産状況の調査方法等の決定などの権限を有する。
3 　会社法は、監査役会制度を前提としながらも、個々の監査役の権限行使を妨げることができない旨を規定している。
4 　監査役会は、各監査役が招集するが、原則として、監査役会の日の1週間前までに、その通知を発しなければならない。

解答 　1 × 過半数ではなく、半数以上です。例えば、監査役が4人いる場合だと、過半数なら3人、半数以上なら2人になりますね。
　　　2 ○　3 ○　4 ○

047 会計監査人

会計のチェックをする人です

Q 会計監査人になれるのは誰？
A 会計士さんだよ。

意　義

会計監査人とは、計算書類等の監査、すなわち会計監査をする者です。

会計監査人は、どのような規模の会社でも設置することができますが、大会社などは、会計監査人を置かなければなりません。

資格・員数

会計監査人は、公認会計士または監査法人でなければなりません。

その員数には特に制限はありません。

選任・任期

株主総会の普通決議で選任されます。

任期は、選任後1年以内に終了する事業年度のうち最終のものに関する定時株主総会の終結の時までです。

権限・義務

計算書類等の監査をし、会計監査報告を作成します。そのための会計帳簿等の閲覧・謄写請求権や子会社調査権を有します。

また、取締役の不正行為や法令・定款違反の重大な事実について監査役に報告する義務があり、計算書類等の監査につき、監査役と意見が異なる場合には、定時株主総会に出席して意見を述べることができます。

報　酬

会計監査人の報酬を定める場合には、監査役の同意が必要です。なお、この同意は、監査役会設置会社では監査役会、委員会設置会社では監査委員会の同意となります。

責　任

会計監査人が任務を怠ったときは、会社に対して損害賠償責任を負います。悪意・重過失があれば、会社以外の第三者に対しても損害賠償責任を負います。さらに、会計監査報告に虚偽の記載をした場合にも、第三者に対して損害賠償責任を負います。

ポイント

会計監査人（396条～）
　　資格⇒公認会計士・監査法人
　　選任⇒株主総会の普通決議
　　任期⇒1年
　　権限⇒計算書類等の監査、会計監査報告の作成など
　　義務⇒監査役への報告、意見陳述など
　　報酬⇒監査役などの同意が必要
　　責任⇒会社・第三者に対する損害賠償責任

 ミニテスト

1　会計監査人は、どのような規模の会社でも設置することができるが、大会社は、会計監査人を置かなければならない。
2　会計監査人は、公認会計士・監査法人、税理士・税理士法人でなければならない。
3　会計監査人は1人でなければならない。
4　会計監査人は、株主総会の普通決議で選任されるが、その任期は、選任後1年以内に終了する事業年度のうち最終のものに関する定時株主総会の終結の時までである。
5　会計監査人は、計算書類等の監査をし、監査報告を作成する。
6　取締役の不正行為や法令・定款違反の重大な事実について監査役に報告する義務があり、計算書類等の監査につき、監査役と意見が異なる場合には、定時株主総会に出席して意見を述べることができる。
7　会計監査人の報酬を定める場合には、取締役の同意が必要となる。
8　会計監査報告に虚偽の記載をした場合には、第三者に対して損害賠償責任を負う。

解答　　1　○
　　　　　　2　×　公認会計士・監査法人でなければなりません。
　　　　　　3　×　員数には制限はありません。
　　　　　　4　○
　　　　　　5　×　作成するのは、監査報告ではなく会計監査報告です。
　　　　　　6　○
　　　　　　7　×　取締役ではなく、監査役の同意です。
　　　　　　8　○

048 監査等委員会設置会社

監査等委員会が置かれる会社です

Q 従来の監査委員会と同じなの？

A 違うよ。

意　義

平成26年改正によって導入された新しい機関設計の会社です。その名の通り監査等委員会を置く株式会社です。

従来の「監査役会設置会社」と「委員会設置会社（改正後の指名委員会等設置会社）」の中間的な形態というイメージです。名称がとてもややこしいので、注意しましょう。

監査役会設置会社→監査役会の設置
　　↓大きい会社
監査等委員会設置会社→監査等委員会の設置
　　↓より大きい会社
指名委員会等設置会社→指名委員会等（指名委員会・監査委員会・報酬委員会の３委員会）の設置

監査等委員会設置会社では、取締役会および会計監査人を置かなければなりませんが、監査役を置いてはなりません。また、指名委員会等と併置することはできません。

監査等委員である取締役

①選解任

株主総会における取締役の選任は、監査等委員会の委員である監査等委員である取締役とそれ以外の取締役とを区別してしなければなりません。

監査等委員である取締役は、３人以上で、その過半数は社外取締役でなければなりません。任期は、２年です（監査等委員以外の取締役は１年です）。選任に関する議案の提出には、監査等委員会の同意を要し、選任等について意見陳述権があります。

監査等委員である取締役を解任する株主総会の決議は、特別決議によります。

②報酬等

報酬等は、監査等委員以外の取締役と区別して定めなければならず、監査等委員である各取締役の報酬等について株主総会の決議などがないときは、監査等委員である取締役の協議で定めます。報酬等についての意見陳述権もあります。

監査等委員会

①組織・職務

監査等委員会は、すべての監査等委員で組織し、その監査等委員は取締役でなければなりません。監査等委員会は、取締役（会計参与）の職務執行の監査と監査報告の作成、会計監査人の選解任の議案内容の決定などを行います。なお、監査等委員会の運営は、監査役会の運営や指名委員会等の運営に準ずる内容になっています。

②監査等委員

監査等委員会が選定する監査等委員は、取締役などに対し、その職務執行に関する報告を求めたり、会社の業務や財産状況の調査などができます。また、場合によって会社と取締役間の訴えにおける会社の代表などもできます。

取締役会の権限

指名委員会等設置会社の取締役会や一般的な取締役会の権限に準じますが、代表取締役は、監査等委員である取締役以外の取締役の中から選定しなければならないことに注意が必要です。

取締役の任務懈怠の推定規定の適用除外

監査等委員でない取締役が利益相反取引について監査等委員会の承認を受けたときは、任務懈怠についての推定規定の適用が排除されます。

ポイント

監査等委員会設置会社（2条11号の2、399条の2）
　監査等委員会（監査役会×　3委員会中の監査委員会×）の設置

ミニテスト

1　監査等委員会設置会社には、取締役会・監査役・会計監査人を置かなければならない。
2　監査等委員会と指名委員会等を併置することはできない。
3　取締役の選任は、監査等委員の取締役とそれ以外の取締役とを区別してしなければならない。
4　監査等委員である取締役を解任する株主総会の決議は、普通決議による。
5　代表取締役は監査等委員である取締役の中から選定しなければならない。

解答　1　×　監査役は置けません。
　　　2　○
　　　3　○
　　　4　×　特別決議です。
　　　5　×　監査等委員である取締役「以外の取締役」の中からです。

049 指名委員会等設置会社

超大企業向きです

Q 委員会っていくつあるの？
A 3つあるよ。

意　義

　平成14年改正によって導入されたアメリカ型の会社経営システムです。実際には、いわゆる超大企業が採用しています。

　通常の株式会社は、取締役を経営者と位置付け、執行と監督の両方を取締役（取締役会）が行う形態を採用しています。これに対し指名委員会等設置会社では、執行役という人を経営者と位置付けて業務執行の中心に据え、取締役（取締役会）には監督者として強力な監督権限を付与し、執行と監督を分離しているところに特色があります。

　指名委員会・監査委員会・報酬委員会の3つの委員会が置かれるので、指名委員会等設置会社といわれます。

　指名委員会等設置会社は、監査役の権限強化による職務執行の適正化には限界があるとして、執行役を経営の中心に据えるとともに、取締役会に強力な経営監視権限を与える形で生まれてきたものです。したがって、取締役会設置会社で、かつ、監査役（監査役会）非設置会社である株式会社にのみ

認められる形態です。

取締役・取締役会

①取締役の選任・終任

A取締役の選任

　株主総会の普通決議によって選任しますが、取締役が株主総会に提出する取締役の選任に関する議案の内容を決定する権限は、指名委員会がもちます。

B社外取締役の選任

　指名委員会等設置会社の各委員会を構成する3人以上の取締役のうち、過半数は社外取締役でなければなりません。したがって、社外取締役2人以上を選任しなければならないことになります。選任方法は、取締役と同じです。

C終任

　取締役の任期は、選任後1年以内に終了する事業年度のうち最終のものに関する定時株主総会の終結の時までです。2年ではありません。そのほかは、通常の取締役と同じです。

②取締役・取締役会の権限

A業務執行の意思決定

取締役会は、業務執行の意思決定権限をもちます。また、迅速な意思決定を行うために、執行役に対し意思決定を委任することができます。執行役の業務執行の意思決定方法については規制がないので、タイムリーな意思決定が可能となります。

ただし、取締役会の監督権行使にとって重要な事項については、執行役に委任することはできません。

B 職務執行の監督

取締役会は、取締役・会計参与および執行役の職務執行を監督します。各取締役は3委員会の委員としての職務を行いますし、執行役は取締役会から委任を受けた事項の決定および業務の執行を行うので、それらが監督の対象となります。

③取締役の職務・報酬

A 取締役の職務

取締役は、別段の定めがない限り、会社の業務を執行することができません。また、業務の決定の委任を受けることもできません。

したがって、取締役の職務は、取締役会の構成員として取締役・会計参与・執行役の職務執行を監督する、取締役会の構成員として会社の意思決定に参加する、3委員会の委員として活動する、の3つになります。

B 取締役の報酬

株主総会ではなく、報酬委員会が、個人別の報酬内容を決定します。

C 兼任

取締役は、執行役を兼任することができます。その場合は、取締役としての職務と執行役としての職務を有し、両方に対する責任が課されます。

しかし、取締役は支配人その他の使用人を兼任することはできません。使用人になれるとすれば、それは執行役を監督する職務と矛盾するからです。

ポイント

指名委員会等設置会社（2条12号、402条1項）
　3委員会（指名委員会・監査委員会・報酬委員会）＋執行役
　　経営者⇒執行役
　　監督者⇒取締役（取締役会）

ミニテスト

1　指名委員会等設置会社には、指名委員会、□□□委員会、報酬委員会の3つの委員会が置かれる。

解答　1　空欄には、監査が入る。

050 3委員会と執行役

通常の会社には存在しない機関です

> **Q** 執行役って何？
> **A** 経営者だよ。

3委員会

指名委員会等設置会社では、指名委員会・監査委員会・報酬委員会が必要的機関となります。3委員会です。

各委員会は3名以上の取締役で構成されます。各委員は取締役会決議で選任されますが、過半数は社外取締役でなければなりません。

各委員会は、各委員が招集できます。原則として1週間前までに招集通知を発しなければなりません。決議は、原則として、委員の過半数が出席し、出席委員の過半数で行います。

指名委員会

株主総会に提出する取締役（会計参与）の選任・解任「議案」の内容を決定する権限をもちます。選任・解任権自体ではありません。選解任自体は株主総会の権限です。取締役等の候補者を指名するので、指名委員会といいます。

なお、執行役の選任・解任権はありません。これは取締役会の監督権限の一部として、取締役会に与える必要があるからです。

監査委員会

まず、指名委員会等設置会社には監査役を置くことができません。

監査委員は、過半数が社外取締役であることと、会社・子会社の執行役・業務執行取締役または子会社の会計参与・支配人その他の使用人でないことが要求されます。

監査委員会は、執行役・取締役（会計参与）の職務執行の監査、監査報告作成の権限、および、会計監査人の選解任等の議案内容の決定権をもちます。監査等をするので監査委員会といいます。

監査権限は、妥当性にまで及びます。監査委員は全員が取締役であるうえに、他の委員会が必要情報を十分に得るには妥当性監査を認める必要があるからです。また、監査委員は監査役と異なり独任性の機関ではありません。監査委員は監査役のように自ら監査権限を行使することが予定されていないからです。

報酬委員会

執行役・取締役（会計参与）の個人

別の報酬等の内容を決定する権限をもちます。報酬を決めるので報酬委員会といいます。

決定にあたって、確定金額の場合は個人別の額、不確定金額の場合は具体的な算定方法、金銭でない場合は個人別の具体的内容を決定しなければなりません。

執 行 役

指名委員会等設置会社において、取締役会から委任された会社の業務執行を決定し、会社の業務執行を行う必要的機関です。執行するので執行役といいます。

①選任・終任

自然人に限ること、欠格事由があること、被選資格を株主に限定できないことなどは取締役の場合と同じです。また、執行役と取締役は兼任できます。ただし、監査委員である取締役は、執行役を兼任できません。

執行役は、取締役会決議で選任します。また、取締役会決議でいつでも解任できます。人数に制限はありません。1人でも数人でもかまいません。

任期は、選任後1年以内に終了する事業年度のうち最終のものに関する定時株主総会の終結後最初に招集される取締役会の終結の時までです。

②権限

執行役は、取締役会から委任を受けた業務の決定、および、業務の執行を行います。

執行役が1人の場合は、同人が当然に代表執行役となりますが、執行役が複数存在する場合は、取締役会の決議により、代表執行役を選定しなければなりません。代表執行役は代表取締役同様、包括的・不可制限的代表権を有し、また、代表取締役同様、表見代表執行役の制度があります。

ポイント

代表執行役（420条、421条）

ミニテスト

1　指名委員会は、株主総会に提出する取締役の選任・解任議案の内容を決定する権限をもつ。
2　報酬委員会は、執行役・取締役・会計参与の個人別の報酬等の内容を決定する権限をもつ。

解答　1　○
　　　　2　○

株式会社

051 役員等の義務と責任

義務と責任を区別しましょう

Q 義務と責任は同じ意味なの？

A 違うよ。

意　味

法的な義務に違反した場合に法的な責任が発生します。

義務とは守らなければならないこと、責任とはその義務を守らないときのペナルティです。このように義務と責任は明確に区別されます。

善管（ぜんかん）注意義務

役員等（例えば取締役）と会社とは委任契約を締結しているので、役員等と会社との法律関係については、民法の委任契約の規定が準用されます。

したがって、役員等は会社に対して善良な管理者としての注意義務、つまり善管注意義務を負います（民法644条）。簡単にいうと、最善の注意をしろ、という義務です。

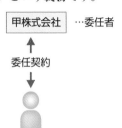

甲株式会社 …委任者

↑
委任契約
↓

取締役A…受任者⇒善管注意義務
（330条、民法644条）

忠実義務

しかし、善管注意義務は委任契約を締結した者であれば誰でも負います。したがって、必ずしも役員等の地位にふさわしい表現とはなっていません。

そこで会社法は、善管注意義務を役員の地位にふさわしい形に表現し直して、これを忠実義務と呼んでいます。取締役・執行役は、法令・定款・株主総会決議を遵守し、会社のため忠実にその職務を行わなければならない、としているのです。

特別の義務

以上の善管注意義務と忠実義務の2つが一般的な義務です。

しかし、どちらも抽象的な内容にとどまり、具体的なケースに対応したものではなく、取締役等の義務としては不十分です。

そこで会社法は、さらに、以下で見るような特別な義務や規定を設けています。

取締役・執行役の義務
　一般的義務…善管注意義務と忠実義務
　　　↓不十分
　特別の義務（規定）…競業避止義務、利益
　　　　　　　　　　　相反取引禁止など

責　　任

　以上の義務に違反した場合には、役員等は、**会社または第三者に対して損**害賠償責任を負います。

　役員等は、その任務を怠ったときは、会社に対して、これによって生じた損害を賠償する責任を負います。

　また、役員等がその職務を行うについて悪意または重過失があったときは、これによって第三者に生じた損害を賠償する責任も負います。

　それぞれ、後述します。

ポイント

取締役などの一般的義務
❶善管注意義務（330条、民法644条）
❷忠実義務（355条、419条2項）
取締役などの特別の義務
❶競業避止義務（356条1項1号）
❷利益相反取引禁止義務（356条1項2号・3号）
取締役などの責任
❶会社に対する損害賠償責任（423条）
❷第三者に対する損害賠償責任（429条）

ミニテスト

1　取締役は、会社に対して、善良な管理者としての注意義務を負う。
2　取締役・執行役は、法令・定款・株主総会決議を遵守し、会社のため忠実にその職務を行わなければならない。
3　取締役は、その任務を怠ったときは、会社に対して、これによって生じた損害を賠償する責任を負う。
4　取締役は、その職務を行うについて悪意または重過失があったときでも、これによって第三者に生じた損害を賠償する責任を負わない。

解答　1　○
　　　　2　○
　　　　3　○
　　　　4　×　負います。

052 競業避止義務

同じ事業は避けろ！　という義務です

Q 競業は自由なの？

A 違うよ。

趣　旨

競業避止（きょうぎょうひし）義務とは、取締役・執行役が、自己または第三者のために、会社の事業の部類に属する取引を行う場合には、事前に株主総会・取締役会の承認を得なければならないという義務です。競業は避けなければならないという義務です。

取締役・執行役は、会社の業務に携わるため、会社の事業上の機密に通じています。その取締役・執行役が、会社の機密を利用して、会社の利益を犠牲にして、自己または会社以外の第三者の利益を図ることを防止しなければなりません。そこで、会社の利益を守るために、事前の株主総会・取締役会の承認を要求したのです。

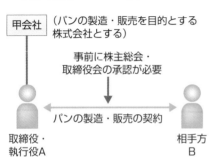

甲会社（パンの製造・販売を目的とする株式会社とする）

事前に株主総会・取締役会の承認が必要

パンの製造・販売の契約

取締役・執行役A　相手方B

この例だと、○○の製造・販売を目的とする会社の取締役Aが、○○の製造・販売の契約をするには、事前に取締役会等の承認を得る、つまりチェックを受ける必要があります。取締役会等は会社に不利であれば承認しないので、その結果、取締役は競業ができないことになります。

「競業」となる要件

次の2つの要件を備えると「競業」となります。

① 「自己または第三者のために」

自己または第三者の計算において、という意味です。自己または第三者に経済的な利益が帰属することです。

② 「株式会社の事業の部類に属する取引」

株式会社の事業と市場において競合する可能性のある取引という意味です。事業品目が完全に同一でなくても類似していれば市場で競合する可能性はあります。

競業を行う際に必要な手続

①事前

　取引について重要な事実を開示したうえで、株主総会（取締役会設置会社においては取締役会）の承認を得なければなりません。重要な事実とは、相手方・所在地・期間・規模・目的物等具体的なものです。

②事後

　取締役会設置会社の場合には、取引をした取締役・執行役は、取引について重要な事実を取締役会に報告しなければなりません。

違反した場合の効果

①取引の効果

　有効です。取締役・執行役が会社に対して負っている競業避止義務に違反したからといって取引を無効にしたのでは、会社外部の第三者の利益が害されるからです。無効ではないことに注意が必要です。

②取締役・執行役の責任

　会社は取締役・執行役に対して損害賠償責任を追及できます。また、取締役・執行役解任の際の正当理由となります。

ポイント

要　件
　自己または第三者のために⇒自己または第三者の計算で
　株式会社の事業の部類に属する取引⇒株式会社の事業と市場において競合する可能性のある取引
手　続
　事前　株主総会（取締役会）の承認（356条1項1号、365条1項）
　事後　取締役会へ報告（365条2項）
違反の効果
　有効

ミニテスト

1　「自己または第三者のために」とは、自己または第三者の計算において、「株式会社の事業の部類に属する取引」とは、会社の事業と市場において競合する可能性のある取引という意味である。
2　競業避止義務に違反した取引は、無効となる。

解答　1　○
　　　　2　×　有効です。

053 利益相反取引

利益が相反する取引は禁止です

Q 利益相反する取引は自由なの？

A 違うよ。

趣　　旨

利益相反（りえきそうはん）取引とは、取締役・執行役が自己または第三者のために会社と取引を行う場合（直接取引）、取締役・執行役以外の第三者との間で会社が取引を行うことによって取締役・執行役の利益になる場合（間接取引）をいいます。会社の利益と取締役の利益が相反する取引だ、という意味です。

取締役・執行役が、自ら会社を代表したり、他の取締役と結託することによって、会社の利益を犠牲にして、自己または会社以外の第三者の利益を図ることを防止しなければなりません。そこで、会社の利益を守るために、事前の株主総会・取締役会の承認を要求したのです。

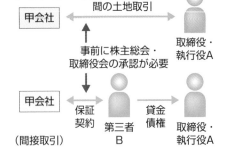

（直接取引）　会社と取締役等の間の土地取引
甲会社　　　　　　　　　　取締役・執行役A

事前に株主総会・取締役会の承認が必要

甲会社　　保証契約　第三者B　貸金債権　取締役・執行役A
（間接取引）

まず直接取引で考えます。図で、甲会社の土地を取締役Aが買う場合です。Aが代表取締役として甲会社を代表してこの取引を行えば、A1人だけで契約できることになります。そうなれば、土地の売買価格はAの好き勝手に決められます（1億円の土地を1千万円としてしまう等）。会社の利益が害される反面、Aには利益となります。仮に、Aが会社を代表しなくても、他の取締役（代表取締役）と結託すれば、同様のことが可能です。

次に間接取引で考えます。典型例は、会社が取締役の債務を保証する場合です。図で、取締役AがBからお金を借りる際に、甲会社がその保証人になる場合です。会社・取締役間の直接取引ではありません。会社と取締役は間接的な関係です。しかし、保証契約ですから、Aが返せない場合（Aには利益となる）には、会社が返さなければなりません（会社の利益が害される）。このように間接取引でも、会社の利益が害される可能性は変わりません。

したがって、取締役Aが、直接・間接取引をするには、事前に取締役会等

の承認を得る、つまりチェックを受ける必要があります。取締役会等は会社に不利であれば承認しませんから、その結果、取締役は利益相反取引ができないことになります。

利益相反「取引」となる要件

利益相反取引の趣旨から、会社と取締役・執行役との利害が衝突し、裁量により会社に不利益を生じるおそれのある取引と考えられます。この判断は、行為の性質によって行います。

利益相反取引を行う際に必要な手続

事前に重要な事実を開示して株主総会（取締役会設置会社においては取締役会）の承認を得なければならないこと、取締役会設置会社では事後に取引

について重要な事実を取締役会に報告しなければならないことは、競業避止義務の場合と全く同じです。

違反した場合の効果

①取引の効果

無効です。手続違反がある以上当然です。図の例だと、甲会社とAの間の土地取引は無効となります。ただし、取引の安全の見地から、第三者が善意の場合は有効です。図の例だと、Bが善意の場合には、甲B間の保証契約は有効となります。競業避止義務の場合との違いに注意が必要です。

②取締役・執行役の責任

会社は取締役・執行役の損害賠償責任の追及ができ、また、取締役・執行役解任の正当理由となります。

ポイント

要 件
　取引⇒会社と取締役等との利害が衝突し、裁量により会社に不利益を生じるおそれのある取引
手 続
　＝競業避止義務
違反の効果
　原則、無効

ミニテスト

1　違反した利益相反取引は、原則として無効となる。

解答　1 ○

054 報酬等

お給料です

Q 誰の報酬が一番問題になるの？

A 取締役の報酬だよ。

趣　旨

　役員等の報酬等とは、役員等の職務執行の対価をいいます。職務執行の対価であれば、報酬、賞与などの名称のいかんを問わず、金銭、現物などの支給方法のいかんを問いません。

　役員等と会社との関係は委任に関する規定に従います。そうすると、役員等は無報酬が原則のはずです（民法648条１項）が、これでは会社運営は事実上不可能となり非現実的です。そこで、報酬に関する合意が存在するものとみなされます。つまり、報酬有りとなります。

　ところで、役員等の報酬の決定は、本来は業務執行行為として、取締役・取締役会の権限に属するはずです。

　しかし、次のように会社法はこれを修正しています。

取締役の報酬等

　取締役の報酬、賞与その他の職務執行の対価として会社から受ける財産上の利益（これを報酬等という）については、定款に定めていないときは、株主総会の決議によって定めます。お手

盛り防止のためです。つまり、もし取締役・取締役会が自分たちの報酬を決定するとすれば、報酬を多く取ってしまうおそれがあるので、定款か株主総会で定めることにしたのです。定めるべき事項の主なものは、次のとおりです。

---

①額が確定しているものは、その額

②額が確定していないものは、その具体的な算定方法

③当該会社の募集株式については、その数の上限等

④当該会社の募集新株予約権については、その数の上限等

⑤金銭でないもの（当該会社の募集株式及び募集新株予約権を除く）については、その具体的内容

　報酬等は個人別に定めてもよいですが、判例は、株主総会決議で報酬の総額や最高限度額を定めて、具体的配分や具体的金額の決定は取締役会に委ねることは、許されるとしています。

　なお、一定の会社では、取締役の個

人別の報酬等の内容についての決定に関する方針を取締役会で定めなければなりません（361条7項）。報酬等の決定手続きの透明性を高めるためです。

監査役の報酬等

監査役の報酬等は、監査役の独立性確保の観点から、定款に規定がない場合は、株主総会決議によって定めます。

取締役・取締役会が決定するとすれば、監査される側（取締役）が監査する側（監査役）の報酬を決めることになり、監査の独立性が害されるからです。

会計参与の報酬

会計参与の報酬等は、適時かつ正確な計書書類等の作成担保の観点から、定款に規定がない場合は、株主総会決議によって定めます。

指名委員会等設置会社の執行役などの報酬等

指名委員会等設置会社の執行役・取締役・会計参与の報酬等は、お手盛り防止や執行役の効果的監督などの観点から、社外取締役が過半数を占める報酬委員会が個人別の報酬額を決定します。

ポイント

報酬等の決定

取締役（361条）	株主総会決議（定款に規定がない場合）
監査役（387条）	株主総会決議（定款に規定がない場合）
会計参与（379条）	株主総会決議（定款に規定がない場合）
執行役・取締役・会計参与（409条）	報酬委員会

ミニテスト

1 役員等の報酬等とは、役員等の職務執行の対価をいい、職務執行の対価であれば、報酬・賞与などの名称のいかんを問わず、金銭・現物などの支給方法のいかんも問わない。

2 取締役の報酬、賞与その他の職務執行の対価として会社から受ける財産上の利益について、定款に定めていないときは、取締役会の決議によって定める。

3 株主総会決議で報酬の総額や最高限度額を定めて、具体的配分や具体的金額の決定を取締役会に委ねることは、許されるとするのが判例である。

解答 1 ○

2 × 取締役会ではなく株主総会です。

3 ○

055 会社と取締役間の訴訟の代表

代表取締役がいつも会社を代表するとは限りません

Q 誰が会社を代表するの？
A 監査役などだよ。

趣　　旨

会社と取締役間の訴訟、すなわち、取締役・執行役が会社を被告に訴訟を提起する場合も、会社が取締役・執行役を被告に訴訟を提起する場合も、会社を代表取締役・代表執行役が代表するとは限りません。

本来は会社を代表するのは代表取締役・代表執行役ですが、会社と取締役・執行役間の訴訟において代表取締役・代表執行役が会社を代表したのでは、取締役・執行役間での馴れ合いから馴れ合い訴訟になるおそれがあります。

そこで、馴れ合い訴訟防止の観点から、次のように修正しています。

監査役非設置会社

①取締役会非設置会社

会社・取締役間の訴訟においては、原則として各取締役が会社を代表します。

しかし、例外的に、株主総会は当該訴えについて会社を代表する者を定めることができます。

②取締役会設置会社

会社・取締役間の訴訟においては、原則として代表取締役が会社を代表します。

しかし、例外的に、株主総会は当該訴えについて会社を代表する者を定めることができるし、その定めがなければ、取締役会は当該訴えについて会社を代表する者を定めることができます。

監査役設置会社

取締役会設置・非設置を問わず、会社・取締役間の訴訟においては、監査役が会社を代表します。

監査等委員会設置会社

会社・取締役間の訴訟においては、監査等委員が当該訴訟の当事者である場合には、取締役会が定める者（株主総会が定めた場合はその者）が、それ以外の場合には、監査等委員会が選定する監査等委員が、会社を代表します。

指名委員会等設置会社

会社・執行役または取締役間の訴訟においては、監査委員が当該訴訟の当事者である場合には、取締役会が定める者（株主総会が定めた場合にはその者）が、それ以外の場合には、監査委員会が選定する監査委員が、会社を代表します。

ポイント

会社・取締役間の訴訟代表

取締役会非設置会社	株主総会が定めた者が会社を代表できる（353条）
取締役会設置会社	株主総会または取締役会が定めた者が会社を代表できる（364条）
監査役設置会社	監査役が会社を代表する（386条）
監査等委員会	取締役会などが定めた者、または監査等委員が会社を代表する（399条の7）
指名委員会等設置会社	取締役会などが定めた者、または、監査委員が会社を代表する（408条1項）

ミニテスト

1 会社と取締役間の訴訟、すなわち、取締役・執行役が会社を被告に訴訟を提起する場合、会社が取締役・執行役を被告に訴訟を提起する場合において、会社を代表するのは、代表取締役・代表執行役である。

2 監査役・取締役会非設置会社における会社・取締役間の訴訟においては、原則として各取締役が会社を代表するが、株主総会は当該訴えについて会社を代表する者を定めることができる。

3 監査役非設置かつ取締役会設置会社における会社・取締役間の訴訟においては、原則として代表取締役が会社を代表するが、株主総会は当該訴えについて会社を代表する者を定めることができ、その定めがなければ、取締役会は当該訴えについて会社を代表する者を定めることができる。

4 監査役設置会社における会社・取締役間の訴訟においては、監査役が会社を代表する。

5 指名委員会等設置会社における会社・執行役または取締役間の訴訟においては、監査委員が当該訴訟の当事者である場合か否かを問わず、監査委員会が選定する監査委員が会社を代表する。

解答 1 × 2以下、参照です。
2 ○
3 ○
4 ○
5 × 監査委員が当該訴訟の当事者である場合には、取締役会が定める者などが、会社を代表します。

株式会社

056 役員等の会社に対する責任

会社に対して損害賠償責任を負います

> **Q** 取締役は会社に対して責任を負うの？
>
> **A** 負うよ。

423条1項の責任

役員等は、その任務を怠ったときは、会社に対し、これによって生じた損害を賠償する責任を負います。

過失責任の原則からです。

甲会社 ──423条の責任──→ 取締役A

推定規定

①行為に関する推定

A　利益相反取引によって会社に損害が生じた場合、次の者は任務を怠ったものと推定されます。

利益相反関係にある取締役・執行役、利益相反取引を決定した取締役・執行役、利益相反取引を承認した取締役会で賛成した取締役です。

B　取締役会決議に参加した取締役で議事録に異議を留めなかった者は、その決議に賛成したものと推定されます。

②結果に関する推定

取締役・執行役が、手続に違反して競業を行った結果会社に損害が生じた場合は、取締役・執行役・第三者が得た利益の額を会社の損害額と推定します。

無過失責任

例外的に、過失がなくても責任を負わされる場合です。とても厳しい責任です。

①自己取引

自己のためにした直接取引の結果、会社に損害が生じた場合の取締役・執行役の責任は、無過失責任であって免除を受けることができません。

②利益供与

株主権の行使に関して財産上の利益を供与した取締役・執行役の責任も、無過失責任です。

責任の免除

①全部免除

総株主の同意がある場合は、423条1項の責任を免除することができます。究極的には、会社の利益＝株主の利益だからです。

②一部免除

最低責任額を限度として、その一部

を免除することもできます。

これには、株主総会決議による事後免責、定款による事前免責、定款による社外取締役の事前免責などがあります。

例えば、代表取締役が職務を行うにつき善意・無重過失である場合、具体的な責任が発生した後に株主総会の特別決議によって、職務執行の対価として会社から受けるすべての財産上の利益の6年分を限度として、これ以上の額を免除するなどです。

補償契約・役員等賠償責任保険契約

役員等は会社や第三者（次頁参照）に対して責任を負いますが、これを過度におそれることにより業務執行が萎縮したり、優秀な人材の確保に困難が生じたりしないように、令和元年改正により、責任追及されたことによる費用や損失を填補するための補償契約や保険契約が認められています。

ポイント

役員等の会社に対する責任
　⇒推定規定（423条2項・3項）
　⇒無過失責任（428条1項、120条4項）
　⇒責任の免除（424条～427条）

ミニテスト

1　取締役は、その任務を怠ったときは、会社に対し、これによって生じた損害を賠償する責任を負う。

2　利益相反取引によって会社に損害が生じた場合には、利益相反関係にある取締役は任務を怠ったものと推定されるが、利益相反取引を承認した取締役会で賛成しただけの取締役は任務を怠ったものと推定されない。

3　取締役が、手続に違反して競業を行った結果会社に損害が生じた場合は、取締役が得た利益の額を会社の損害額と推定する。

4　自己のためにした直接取引の結果、会社に損害が生じた場合の取締役の責任は、無過失責任であって免除を受けることができない。

5　代表取締役が職務を行うにつき善意・無重過失である場合には、具体的な責任が発生した後に株主総会の特別決議によって、職務執行の対価として会社から受けるすべての財産上の利益の6年分を限度として、これ以上の額を免除することができる。

解答　1　○
　　　　　2　× 利益相反取引を承認した取締役会で賛成した取締役も、任務を怠ったものと推定されます。
　　　　　3　○　4　○　5　○

057 役員等の第三者に対する責任

外部の者に対して損害賠償責任を負うことがあります

Q 取締役は第三者に対しても責任を負うの？

A 負うよ。

429条1項の責任

役員等がその職務を行うについて悪意または重過失があったときは、当該役員等は、これによって第三者に生じた損害を賠償する責任を負います。

例えば、取締役Aの放漫経営が原因で、甲株式会社が倒産した場合に、会社債権者乙は、取締役Aに対しても損害賠償請求を行うことができるのです。

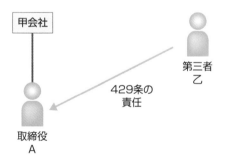

429条の責任の法的性質

取締役などが、会社以外の第三者に損害を負わせた場合、その第三者は、取締役とは直接の契約関係にないため、債務不履行による損害賠償を求めることはできません。

そこで、第三者としては、不法行為（民法709条）による損害賠償を求めることになりますが、不法行為による損害賠償請求は、その立証が困難な場合が多く、裁判をしても認めてもらえない場合が少なくないのです。

そうなると、損害を受けた第三者は泣き寝入りです。

そこで、会社法は、こうした第三者を救済するために、不法行為より要件を緩和した特別の法律上の責任として、429条の規定を設けたのです（特別法定責任説）。なお、特別法定の責任とは、特別に法律が定めている責任という意味です。

特別法定責任説の考え

会社との契約によって第三者に損害が発生したとしても、取締役は第三者と契約関係にない以上本来は責任を負わない

　↓しかし

会社の活動は実際上取締役の職務執行に依存しているし、会社の賠償資力が不十分な際に第三者の保護に欠ける

　↓そこで

第三者保護の観点から会社法上一種特別の責任を取締役に負わせることとした

った行為と第三者の損害との間に相当の因果関係がある限り、取締役が賠償責任を負う。取締役が、その職務を行うにつき故意または過失で直接第三者に損害を与えた場合には、第三者は、民法の不法行為の規定により、取締役に対して賠償請求することもできる、としています。

判 例

判例も特別法定責任説をとっています。

そして、判例は、取締役の任務を怠

ポイント

429条の責任の法的性質

第三者を救済するために不法行為より要件を緩和した特別の法律上の責任（特別法定責任説）

⇩

❶取締役の任務懈怠行為と第三者の損害との間に相当因果関係がある限り賠償責任を負う

❷取締役がその職務を行うにつき故意・過失で直接第三者に損害を与えた場合には、第三者は、民法の不法行為規定により取締役に対して賠償請求することもできる

ミニテスト

1 取締役がその職務を行うについて悪意または重過失があったときは、当該取締役は、これによって第三者に生じた損害を賠償する責任を負う。
2 429条の責任は、第三者を救済するために不法行為より要件を緩和した特別の法律上の責任である。
3 判例は、取締役の任務を怠った行為と第三者の損害との間に相当の因果関係がなくても、取締役が賠償責任を負うとしている。
4 判例は、取締役が、その職務を行うにつき故意または過失で直接第三者に損害を与えた場合において、第三者が、民法の不法行為の規定により、当該取締役に対して賠償請求することはできないとしている。

解答 1 ○
2 ○
3 × 相当の因果関係が必要です。
4 × できます。

第1編 株式会社

058 株主による監督

機関の最後は所有者が出てきます！

Q 株主にも監督是正権があるの？

A あるよ。

趣　旨

株式会社においては、合理的な会社経営のため所有と経営が分離し、株主総会・取締役・取締役会・執行役・監査役による運営が正規の体制です。

しかし、株主総会の決議が多数決でなされ、役員等も多数決により選任される以上、このような体制による運営が違法に行われ、個々の株主の利益が害されるおそれもあります。

そこで、会社法は個々の株主にも役員等の違法行為に対する監督是正権を与えることとしました。

違法行為差止請求

取締役が違法行為を行おうとしており、それによって会社に著しい損害が発生するおそれがあるときは、株主は、その取締役に対して違法行為をしないように請求できます。監査役設置会社・監査等委員設置会社・指名委員会等設置会社では、回復することができない損害になります。違法行為差止請求です。

請求できる株主は次のとおりです。

公開会社	原則として、6か月前から引き続き株式を有する株主
非公開会社	株主

代表訴訟

会社が役員等の責任を追及しない場合に、株主が会社に代わって役員等の責任を追及する制度です。代表訴訟です。

役員等に対する責任追及は本来会社が行うべきものですが、会社・役員等間の馴れ合いから責任追及を行わない場合があり得ます。そこで、会社の利益を守るために、個々の株主が会社に代わって取締役の責任を追及できるようにしているのです。

手続の流れは、原則として次のようになります。

①会社に対して書面等で、役員等の責任を追及するように請求する→②請求の日から60日経過→③訴訟提起できる。

請求できる株主は次のとおりです。

公開会社	原則として、6か月前から引き続き株式を有する株主
非公開会社	株主

なお、平成26年改正によって、多重代表訴訟が新設されました。すなわ

ち、一定の要件を満たす完全親会社の株主は、完全子会社の役員等の責任を追及する訴えを提起することができます。親会社の利益を保護するため、親会社株主が、直接、子会社役員の責任を追及する制度です。

▌　会計帳簿閲覧・謄写請求　▌

取締役等の違法行為は会計帳簿から判明することが少なくありません。そこで、違法行為差止請求権や代表訴訟提起権といった権利を行使するきっかけを与えるために設けられた権利が、会計帳簿閲覧・謄写請求権です。

公開会社・非公開会社とも、原則として、総議決権の100分の3以上、または、発行済株式総数の100分の3以上を有する株主が請求できます。

> 原則として、総議決権の3%以上
> OR 発行済株式総数の3%以上を
> 有する株主

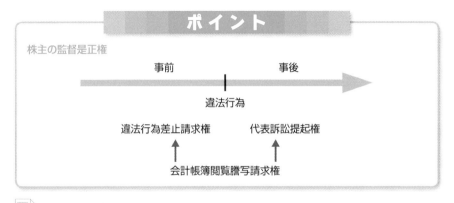

ポイント

株主の監督是正権

事前　　　　　　　　事後

違法行為

違法行為差止請求権　　　　代表訴訟提起権

会計帳簿閲覧謄写請求権

ミニテスト

1　取締役が違法行為を行おうとしており、それによって会社に一定の損害が発生するおそれがあるときは、株主は、その取締役に対して違法行為をしないように請求することができる。
2　株主は、会社が取締役の責任を追及しない場合に、会社に代わって取締役の責任を追及することができる。
3　違法行為差止や責任追及を請求できる株主は、公開会社および非公開会社を問わず、6か月前から引き続き株式を有する株主である。
4　株主が会計帳簿の閲覧などを請求するためには、総議決権の10%以上を有する必要がある。

解答　1　○
　　　　2　○
　　　　3　×　非公開会社については誤りです。
　　　　4　×　3%です。

059 資金調達

必要なお金は調達しなければなりません

Q どの方法が一番大事なの？
A 募集株式の発行だよ。

意　義

　株式会社がその事業活動遂行のためには、資金を必要とします。そこで、資金調達方法が重要になります。

　資金調達には、事業活動で得た利益を事業活動の新たな資金とする内部資金と、外部から資金を調達する外部資金の場合がありますが、これらの資金調達の方法は、後日返還の必要性のない自己資金と、後日返還の必要性のある他人資金の2つに大きく分かれます。

　自己資金には、募集株式の発行等と利潤の社内留保があり、他人資金には、社債の発行と借入金があります。

　株式会社では、大量に資金調達ができる募集株式の発行等と社債の発行の2つが重要です。

自己資金	募集株式の発行等	募集に応じて、申込人に株式または自己株式を割り当てる行為 〈長所〉 　大量に資金調達できるほか、自己資金であるため、後日返済の必要がない 〈短所〉 　課税対象となるし、配当率を低下させる場合がある 　また収益見込が低い場合には、引受人が現れない
	利潤の社内留保	本来株主に配当すべき利益を、準備金・引当金といった名目で社内に留保させること 〈長所〉 　内部資金であるため、手続・費用が不要であるほか、自己資金であるため、後日返済の必要がない 〈短所〉 　多額の調達はできない
他人資金	社債の発行	会社が行う割当によって発生する当該会社を債務者とする金銭債権であって、676条の定めに従い償還されるもの 〈長所〉 　大量に資金調達できるほか、負債であるため課税対象とはならない。発行条件を会社が決定できる 〈短所〉 　他人資金であるため、後日返済の必要がある
	借入金	民法上の金銭消費貸借契約（民法587条） 〈長所〉 　特別な信用を必要としない 〈短所〉 　担保が必要である。利率が高く、多額の調達はできない

ポイント

資金調達方法
❶募集株式の発行等
⇒募集に応じて、申込人に株式などを割り当てること
大量の資金調達○
❷社債の発行
⇒会社が行う割当てにより発生する当該会社を債務者とする金銭債権であっ
て、一定の定めに従い償還されるもの
大量の資金調達○

 ミニテスト

1 資金調達には、事業活動で得た利益を事業活動の新たな資金とする内部資金と、外部から資金を調達する外部資金がある。
2 資金調達の方法は、後日返還の必要性のない他人資金と、後日返還の必要性のある自己資金の2つに大きく分かれる。
3 自己資金には、募集株式の発行等と利潤の社内留保がある。
4 他人資金には、社債の発行と借入金がある。
5 募集株式の発行等とは、募集に応じて、申込人に株式または自己株式を割り当てる行為であり、大量に資金調達ができる。
6 利潤の社内留保は、内部資金であるため、手続・費用が不要であるが、多額の調達はできないという短所がある。
7 社債の発行とは、会社が行う割当てにより発生する当該会社を債務者とする金銭債権であって、676条の定めに従い償還されるものであるが、大量の調達はできない。
8 借入金の性質は、民法上の金銭消費貸借契約であるが、担保が必要であり、利率が高いなどの短所がある。

解答 1 ○
2 × 他人資金と自己資金が逆です。
3 ○
4 ○
5 ○
6 ○
7 × 大量に資金調達できます。
8 ○

060 募集株式の発行

通常の新株発行です

Q 発行方法では何が大事なの？

A 株主割当てと第三者割当てだよ。

意　義

　広義の新株発行とは、会社がその成立後に、定款所定の発行可能株式総数の範囲内で新たに株式を発行するすべての場合をいいます。その中で、募集株式の発行とは、募集に応じて、申込人に株式を割り当てる行為をいいます。

募集株式発行の方法

　募集株式発行の方法には次の3つがあります。

①公募

　公募は、広く一般から株主を募集する方法です。会社自らが募集する直接募集と、証券会社に委託して募集する間接募集があります。

②株主割当て

　株主割当ては、発行予定の株式を既存の株主の持株数に比例的に割り当てて発行する場合で、株主に株式の引受権を与える方法で行われます。

③第三者割当て

　第三者割当ては、募集株式を既存の株主の持株数に比例的に割り当てるのではなく、特定の第三者（例えば、会社の役員、従業員、取引先、提携先など）に割り当てる場合です。

　なお、株主が割当てを受ける場合でも、持株に比例的に割り当てるのでなければ第三者割当てになりますので、注意です。

既存株主の被る不利益と 会社の資金調達の便宜

　募集株式の発行手続を理解するためには、まず、募集株式の発行によって、どのような利害対立が生じるかを理解しなければなりません。

①既存株主の被る不利益

A会社に対する持株比率の低下（会社支配面の不利益）

　株主以外の者に募集株式が発行されると、既存株主は、持株比率が相対的に低下し、会社に対する支配力が弱まるという不利益を受けます。

　このような持株比率の低下を防ぐためには、株主に募集株式の引受権を与えるという方法があります。つまり、株主割当ての方法によって行うのです。

B保有株式価格の下落による経済的損失（経済的な不利益）

株主以外の者に対して市価を下回る価額で募集株式を発行すれば、すでに存在する株式の価格は下落し、既存株主は経済的損失を被ります。

このような経済的損失を防ぐためには、株主に募集株式の引受権を与えるという方法があります。つまり、株主割当ての方法によって行うのです。

②会社の資金調達の便宜

①のように、募集株式の発行によって既存株主は、会社支配面の不利益と、経済的な不利益を被る可能性があります。それを回避しようとすれば、株主割当ての方法で募集株式の発行を行うしかありません。

しかし、株主割当ての方法に限定してしまうと、会社が有利に資金調達を行う利益を失うおそれがあります。募集先を株主に限定するより、広く公募した方が割当引受価格が高くなる可能性もあり、企業結合においては、提携先などへの第三者割当ての必要性が高いからです。

結局、募集株式の発行手続は、既存株主の保護と会社の資金調達の便宜という対立する2つの利益を調和したものでなければならないのです。そして、既存株主の保護と会社の資金調達の便宜の調和をどのように図るかは、会社の規模や公開性に応じて異なることになります。

発行方法
❶公募 ❷株主割当て ❸第三者割当て
既存株主の利益
⇒会社支配と経済的な利益
会社の利益
⇒資金調達の便宜

 ミニテスト

1 株主が割当てを受ける場合でも、持株に比例的に割り当てるのでなければ第三者割当てになる。

解答 1 ○

061 募集株式の発行手続

新株発行の手続です

Q 最初に何をするの？

A 募集事項の決定だよ。

手 続

手続の流れは、次のようになります。

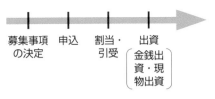

募集事項
の決定
申込
割当・
引受
出資
金銭出
資・現
物出資

募集事項の決定

出発点となるのは、募集事項の決定
です。

その内容は、非公開会社、公開会
社、有利発行の3つに分かれます。非
公開会社では株主総会特別決議で、公
開会社では原則として取締役会決議
で、有利発行の場合には株主総会特別
決議で、それぞれ募集事項を決定しま
す。

募集事項は、募集株式数・募集株式
の払込金額・現物出資の場合の内容・
払込期日・株式を発行する場合の増加
資本金などです。

詳しくは後述します。

申込み

会社は、申込者に対し、会社の商
号・募集事項・払込取扱場所などの事
項を通知しなければなりません。

申込者は、氏名・名称・住所・引受
ける募集株式数を記載した書面を会社
に交付などしなければなりません。

なお、株主割当ての場合は、期日ま
でに株主が申し込まないときは、当該
株主は、当然に失権します。

割当て・引受け

割当自由の原則により、割当てを行
います。

割り当てる募集株式の数は、申込者
に通知しなければなりません。

割当数に応じて、申込者は引受人と
なります。

出 資

引受人は、払込期日またはその期間
内に、会社が定めた払込取扱場所に、
全額を払い込まなければなりません
（金銭出資）。また、払込期日またはそ
の期間内に、現物の全部を会社に給付
しなければなりません（現物出資）。

出資を履行しなかった引受人は、当
然に失権します。

引受人は、出資をする債務と会社に

対する債権を相殺することはできません。

そして、引受人は、出資の履行をした日に株主となります。

なお、上場会社が取締役の報酬等として株式の発行又は自己株式の処分をするときは、金銭の払込みや現物出資を要しません。取締役に報酬等として株式を円滑に付与できるように、令和元年改正により設けられた規定です。

ポイント

申込み〜出資

申込み	会社は、申込者に対し、一定の事項を通知しなければならない（203条1項） 申込者は、一定の事項を記載した書面を会社に交付しなければならない（203条2項） 株主割当ての場合、期日までに株主が申し込まないときは、当然失権する（204条4項）
割当て 引受け	割当自由の原則により割り当てる（204条1項・2項） 割り当てる募集株式数は、申込者に通知しなければならない（204条3項） 割当数に応じて、申込者は引受人となる（206条）
出資	引受人は、払込期日またはその期間内に、会社が定めた払込取扱場所に、全額を払い込まなければならない（208条1項） 出資を履行しなかった引受人は、当然に失権する（208条5項） 出資の履行をした日に株主となる（209条）

ミニテスト

1 非公開会社では株主総会普通決議で、公開会社では原則として取締役会決議で、有利発行の場合には株主総会普通決議で、それぞれ募集事項を決定する。
2 株主割当ての場合、期日までに株主が申し込まないときは、当該株主は、当然に失権する。
3 割当自由の原則により割当てを行い、割り当てる募集株式の数は、申込者に通知しなければならない。
4 金銭出資における引受人は、払込期日またはその期間内に、会社が定めた払込取扱場所に、全額を払い込まなければならない。
5 引受人は、出資の履行をした日の翌日に株主となる。

解答 1 × 株主総会特別決議です。
2 ○
3 ○
4 ○
5 × 翌日ではありません。

062 募集事項の決定

非公開会社、公開会社、有利発行の３つに分けて！

Q 授権資本制度って何？

A 取締役会が新株発行を決定できる制度だよ。

非公開会社の場合

会社の資金調達の便宜よりも、既存株主の保護の要請の方が強くなります。譲渡制限が付けられている会社なので、既存株主は株式譲渡によって不利益を回避することができないからです。

募集事項の決定について、原則となる手続は次のとおりです。既存株主保護のために、株主総会特別決議を要求しています。

原則	通常の発行	株主総会特別決議 （199条2項、309条2項5号）	募集事項 ・募集株式の数 ・募集株式の払込金額 ・現物出資の場合は、内容・価額 ・払込・給付期日 ・株式を発行する場合は、増加する資本金・資本準備金
	有利発行	株主総会特別決議 （199条2項・3項、309条2項5号）	取締役は、有利発行が必要な理由を説明しなければならない。

公開会社の場合

既存株主保護の要請よりも、会社の資金調達の便宜の要請の方が強くなります。大規模会社が多く、大規模会社では有利な資金調達の要請が大きく、既存株主は、株式譲渡によって不利益を回避できるからです。

募集事項の決定について、手続は次のとおりです。会社の資金調達の便宜のために、原則として取締役会決議で足りるとしています。これを授権資本制度といいます。

授権資本制度とは、会社は、定款所定の発行可能株式総数の範囲内で、株主総会の決議によることなく、取締役会の決議だけで募集株式を発行できるとする制度です。「授権資本」が難解ですが、「授権資本＝授権株式発行」という意味で使います。授権は取締役会に権限を授けたということなので、結局、取締役会に新株を発行できる権利を与えたといった意味になります。

会社法は、公開会社についてのみ、授権資本制度を採用しています。募集株式発行によって会社の規模が拡大することを考えれば、募集株式発行は会社の重要事項なので、本来は株主総会の決定事項のはずです。しかし、株主

総会の決定事項としたのでは迅速な意思決定ができず、機動的＝タイムリーな資金調達を行うことができません。そこで、機動的な資金調達のために、取締役会の決定だけで発行できるよう

にする必要があるのです。

なお、設立時に発行する株式の総数は、発行可能株式総数の４分の１以上でなければなりません。

通常の発行	取締役会決議 (201条、199条1項・2項)	募集事項 ・募集株式の数 ・募集株式の払込金額（市場価格ある株式の引受人を募集する場合は、払込金額まで決定せず、決定方法を定めるだけでもよい） ・現物出資の場合は、内容・価額 ・払込・給付期日（払込給付期日の2週間前までに、株主に対して募集事項を通知または公告しなければならない） ・株式を発行する場合は、増加する資本金・資本準備金
有利発行	株主総会特別決議 (201条1項、199条3項)	募集事項を決定するとともに、取締役は、有利発行が必要な理由を説明しなければならない。

有利発行

非公開会社と公開会社で共通するのが有利発行です。株主以外の第三者に特に有利な金額で募集株式を発行することをいいます。特に有利な金額は、公正な金額を著しく下回る価額で、目安として時価を10%超下回る価額です。

株主以外の者に対して市価を下回る価額で募集株式を発行すれば、既存株主は株価の下落による経済的損失を被りますが、会社の資金調達の必要性な

どからこのような募集株式の発行を必要とする場合があります。そこで、それを認めるかどうかを株主に慎重に判断させることによって、既存株主の保護を図ることにしました。

有利発行を行う場合には、取締役は株主総会でその必要性を説明しなければならず、授権資本制度が採用されている公開会社においても、株主総会特別決議を経なければなりません。

ポイント

非公開会社・有利発行⇒株主総会特別決議（199条2項・3項）
公開会社（原則）⇒取締役会決議（201条1項）

ミニテスト

1　有利発行を行う場合には、株主総会特別決議が必要となる。

解答　1 ○

063 違法な募集株式発行等に対する措置

新株発行無効の訴えなどがあります

Q どの措置が一番大事なの？

A 新株発行無効の訴えだよ。

意　義

募集株式発行等が法令・定款に違反し、または、不公正な方法で行われると、会社・株主の利益が害されるおそれが大きいので、会社・株主の利益を守るために次のような制度が設けられています。

募集株式発行等差止請求権

会社が、法令・定款に違反し、または、著しく不公正な方法で募集株式を発行しようとしているときは、これによって不利益を受けるおそれのある株主は、募集株式の発行を事前に差し止めることができます。募集株式発行等差止請求権です。

差止原因は、すべての法令・定款違反です。募集株式が未発効で他の利害関係人が存在しない以上、取引の安全を考慮する必要はなく、株主・会社の利益だけを考慮すればよいからです。

募集株式発行の通知または公告

公開会社が行う株主割当による募集株式の発行などの場合以外の募集株式の発行において、会社は募集事項を事前に株主に通知するか、または公告しなければなりません。株主に募集株式発行等差止請求権行使の機会を与えるために設けられたものです。募集株式発行を事前に知らなければ、差止めができないからです。

新株発行無効の訴え、自己株式処分無効の訴え

新株発行・自己株式処分に瑕疵が存在する場合、一般原則によって無効主張を認めると、法的安定性が著しく害されます。

そこで、法的安定性確保の見地から、新株発行無効の訴え・自己株式処分無効の訴えの制度が設けられています。いつでも、誰でも、どんな方法でも主張できるのではなく、新株発効の日から原則として6か月以内に、株主等が、訴えの方法をもってのみ主張できます。遡及効は阻止されており（将来効）、判決には対世的効力（対世効）があります。

無効主張の可及的制限	新株発効日から原則6か月以内に株主等が訴える

無効の遡及効阻止	将来に向かってのみ効力を有する（将来効）
法律関係の画一的確定	第三者に対しても効力を有する（対世効）

　無効原因は、重大な法令・定款違反のみです。新株が既発効で他の利害関係人が存在する以上、会社・株主の利益だけでなく、取引の安全を考慮しなければならず、差止請求権を行使しなかった株主には落ち度があるからです。前述の差止原因よりも狭くなることに、注意が必要です。

新株発行に関する責任

①不公正な払込金額で株式を引き受けた者の責任

取締役・執行役と通じて、著しく不公正な払込金額で募集株式を引き受けた場合には、会社に対し、公正な価額との差額に相当する金額を支払わなければなりません。

②不足額填補責任

　現物出資をした者が株主となった時における現物出資財産の価額が、決定価額に著しく不足する場合には、原則として、会社に対し、当該不足額を支払わなければなりません。

③出資の履行を仮装した責任

　設立関係者の責任のところで述べたとおり、募集株式の発行等についても、出資の履行を仮装した責任の規定が設けられています。

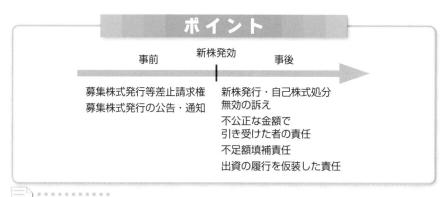

ポイント

事前　　新株発効　　事後

募集株式発行等差止請求権
募集株式発行の公告・通知

新株発行・自己株式処分
無効の訴え
不公正な金額で
引き受けた者の責任
不足額填補責任
出資の履行を仮装した責任

ミニテスト

1　会社が、法令・定款に違反し、または、著しく不公正な方法で募集株式を発行しようとしているときは、これによって不利益を受けるおそれのある株主は、募集株式の発行を事前に差し止めることができる。

2　新株発行無効の訴えは、新株発効の日から原則として6か月以内に、株主等が、訴えの方法をもってのみ主張できる。遡及効は阻止されておらず、判決には対世効がある。

解答　1　○
　　　　　2　×　遡及効が阻止されていないとする点のみ誤り。遡及効は阻止されており、将来に向かって効力を有します。

064 新株予約権

新株発行の予約です

Q 新株予約権の内容を理解するコツは？

A 新株発行とほとんど同じと考えれば楽だよ。

意　義

　新株予約権とは、株式会社に対して行使することにより、当該株式会社の株式の交付を受けることができる権利です。

　新株予約権の発行は（無償で発行されるケースもありますが）、資金調達の便宜の理由から認められます。すなわち、新株予約権のみの公募によって資金調達が可能になり、新株予約権を付与して有利に借入れを行うことができます。

　予約権を行使すれば、株式の交付を受けられるので、潜在的な募集株式の発行と考えられます。したがって、新株予約権の発行手続と違法等の発行に対する措置は、前述した募集株式の発行とほぼ同様になります。また、新株予約権の行使は、これにより株式の交付を受けられるので、募集株式の払込みとほぼ同様です。

新株予約権の発行手続

①募集事項の決定

　非公開会社では株主総会特別決議で、公開会社では原則として取締役会決議で、有利発行の場合には株主総会特別決議で、それぞれ募集事項を決定します。

　募集事項は、募集新株予約権数・募集新株予約権の払込金額・払込期日などです。

②申込み

　会社は、申込者に対し、会社の商号・募集事項・払込取扱場所などの事項を通知しなければなりません。

　申込者は、氏名・名称・住所・引受ける募集新株予約権数を記載した書面を会社に交付などしなければなりません。

③割当て・引受け

　割当自由の原則により、割当てを行います。

　割り当てる募集新株予約権の数は、申込者に通知しなければなりません。

　割当数に応じて、申込者は新株予約権者となります。

④払込み

　有償で発行される場合、新株予約権者は、払込期日までに、会社が定めた払込取扱場所に全額を払い込まなければなりません。

違法等の発行に対する措置

　事前の新株予約権発行差止請求権として、会社が、法令・定款に違反し、または、著しく不公正な方法で発行しようとしているときは、これによって不利益を受けるおそれのある株主は、新株予約権の発行を事前に差し止めることができます。

　事後の新株予約権発行無効の訴えは、新株予約権発効の日から原則として6か月以内に、株主等・新株予約権者が、訴えの方法をもってのみ主張できます。遡及効は阻止されており、判決には対世効があります。

新株予約権の行使

　新株予約権者が新株予約権を行使するには、行使する新株予約権の内容・数・行使日を明らかにしてしなければなりません。

　金銭を出資する場合は、新株予約権行使日に、会社が定めた払込取扱場所に、行使価額の全額を払い込まなければなりません。現物を出資する場合は、財産を給付しなければなりません。

　そして、新株予約権者は、新株予約権行使日に株主となります。

　なお、上場会社が取締役の報酬等として新株予約権の発行をするときは、金銭の払込みや現物出資を要しません。前述の株式の場合と同様の規定です。

ポイント

新株予約権
　⇒株式会社に対して行使することにより、当該株式会社の株式の交付を受けることができる権利（2条21号）
　　　潜在的な株式（新株発行）！

 ミニテスト

1　非公開会社では株主総会特別決議で、公開会社では原則として取締役会決議で、有利発行の場合には株主総会特別決議で、それぞれ募集事項を決定する。
2　新株予約権が有償で発行される場合には、新株予約権者は、払込期日までに、会社が定めた払込取扱場所に全額を払い込まなければならない。
3　新株予約権者が新株予約権を行使するには、行使する新株予約権の内容・数・行使日を明らかにしてしなければならない。

解答　1　○
　　　　2　○
　　　　3　○

065 社債

会「社」の「債」務を略して、社債といいます

Q 社債って何？
A 会社の借金だよ。

意　義

社債とは、会社法の規定により会社が行う割当てによって発生する当該会社を債務者とする金銭債権で、会社法の定めに従って償還されるものをいいます。会社の債務を略して社債というので、法的性質は債務です。簡単にいえば、会社の借金ですから、返す必要があります。

発行手続

①募集事項の決定と申込み・割当て

会社が社債を発行するには、発行の都度、募集事項を決定しなければなりません。社債の発行は、性質的には借入れで、業務執行行為のひとつなので、取締役（取締役会設置会社では取締役会）で決定されます。

会社は、原則として、募集社債の引受けの申込者に対し、会社の商号・募集事項等を通知しなければなりません。他方、申込者は、氏名・名称・住所等を記載した書面を会社に交付して申し込まなければなりません。

②社債原簿（株主における株主名簿に相当）

会社は、社債を発行した日以降遅滞なく、社債原簿を作成しなければなりません。社債原簿は、本店に備え置かなければなりません。社債原簿への記載には、株主名簿同様、資格授与的効力、免責的効力、確定的効力が認められます。

社債の譲渡等

①社債券（株券に相当）が発行されない場合

社債券が発行されない場合の社債の譲渡は、当事者間の意思表示のみで行えます。会社・第三者に対する対抗要件は、社債原簿の名義書換です。

②社債券が発行されている場合

社債券が発行されている場合の社債の譲渡には、当事者間の意思表示と社債券の交付が必要です。会社に対する対抗要件は社債原簿の名義書換、第三者に対する対抗要件は社債券の継続占有です。社債権者は、資格授与的効力によって自己が社債権者であることを主張できます。その他、株券発行会社

の株主同様に、免責的効力、善意取得も認められます。

なお、社債券を喪失すると、社債権者は善意取得によって権利を喪失する危険があります。そこで、社債券を無効として、善意取得を防止するために、公示催告・除権決定という制度があります（非訟事件手続法）。株券の場合の株券失効制度に相当します。

社債管理者・社債管理補助者

会社が社債を発行する場合には、社債権者の利益を保護するために、原則として社債管理者を定めなければなりません。社債管理者は、銀行、信託会社などです。

①社債管理者の権限

社債管理者は、社債権者の利益を保護するために、一切の裁判上または裁判外の行為ができます。また、必要があるときは、裁判所の許可を得て、社債発行会社の業務・財産状況を調査できます。

②社債管理者の義務・責任

社債管理者は、社債権者に対し、公平誠実義務と善管注意義務を負います。

③社債管理補助者

会社は、社債管理者を置くことを要しない場合には、社債管理補助者を定め、社債権者のために、社債の管理の補助を委託することができます。

社債権者集会

社債権者集会とは、社債の種類ごとに構成される、社債権者の意思決定組織です。株主における株主総会に相当します。

社債権者集会は、会社法に規定のある事項、および、社債権者の利害に関する事項についてのみ決議することができます。社債権者集会の決議は、裁判所の認可を受けなければ効力を生じません。裁判所の認可を受けた社債権者集会の決議は、社債権者に対してのみその効力を有します。社債権者集会の決議は、社債管理者、社債管理補助者、または、代表社債権者が執行します。

ポイント

会社が行う割当てによって発生する当該会社を債務者とする金銭債権で、会社法の定めに従い償還される（2条23号）

 ミニテスト

1 社債の法的性質は、債務である。

解答 1 ○

066 計算

会社の会計のテーマです

Q 剰余金配当って何のこと？

A 株式会社の利益配当のことだよ。

会計の原則

株式会社は、法務省令の定めるところにより、適時に、正確な会計帳簿を作成しなければなりません。会計帳簿の作成義務です。

株主有限責任の制度的裏付け

①資本金制度

資本金とは、会社財産を確保するための基準となる一定の計算上の金額です。

資本金は、原則として発行済株式に対する払込みまたは給付した財産の総額です。ただし、払込・給付額の2分の1を超えない額を資本金に組み入れないことができます。資本金に計上しなかった額は、資本準備金として計上しなければなりません。

②剰余金配当規制

剰余金の配当は、純資産額（資産－負債の額）が300万円以上存在し、かつ、会社法の規定に従って算定した剰余金の範囲内でなければ行うことができません。

③開示規制

資本金制度は、一定額以上の純資産のない株式会社が株主に財産を分配することを禁止するだけなので、会社に事業上の損失が出て債務超過となることを防止する機能があるわけではありません。

したがって、有限責任制度によって転嫁されたリスクから会社債権者または会社と利害関係を持とうとする相手方を保護するためには、会社の実際の財務状態を知らせる必要があります。

剰余金の配当規制

①剰余金の算定方法

剰余金＝X－Yで算定します。参考として、XとYを次に示します。

X

（資産額＋自己株式帳簿価額）－（負債額＋資本金の額＋準備金の額＋法務省令で定める額）
事業年度の末日後に自己株式を処分した場合は処分差益・差損
事業年度の末日後に資本減少した場合は、減資額－準備金とした額
事業年度の末日後に準備金を減少した場合は、減少した準備金額－資本組入額

Y

事業年度の末日後に自己株式を消却した場合は、当該自己株式の簿価
事業年度の末日後に剰余金を配当した場合は、配当財産の簿価＋金銭分配請求権を行使した株主に対し交付した金額＋基準未満株主に支払った金額
法務省令で定める金額

②手続

　原則として、**株主総会の普通決議**によって、配当財産の種類および簿価、株主に対する配当財産割当てに関する事項、剰余金の配当が効力を生じる日を定めなければなりません。

③中間配当

　取締役会設置会社は、一事業年度の途中において1回に限り、取締役会決議によって、**中間配当**をすることができる旨を定款で定めることができます。

ポイント

剰余金の配当
⇒純資産額が300万円以上存在し（458条）、かつ、会社法の規定に従って算定した剰余金の範囲内（446条）でなければ行うことができない
⇒原則、株主総会の普通決議によって、配当財産の種類・簿価、株主に対する配当財産割当てに関する事項、剰余金の配当が効力を生じる日を定めなければならない（454条）

ミニテスト

1　資本金は、原則として発行済株式に対する払込みまたは給付した財産の総額である。
2　払込・給付額の3分の1を超えない額を資本金に組み入れないことができるが、計上しなかった額は、資本準備金として計上しなければならない。
3　剰余金の配当は、純資産額が300万円以上存在し、かつ、会社法の規定に従って算定した剰余金の範囲内でなければ行うことができない。
4　原則として、株主総会の普通決議によって、配当財産の種類および簿価、株主に対する配当財産割当てに関する事項、剰余金の配当が効力を生じる日を定めなければならない。

解答
　1　○
　2　×　2分の1を超えない額です。
　3　○
　4　○

株式会社

067 違法配当

粉飾決算などによって行われます

Q 違法に配当したらどうなるの？
A 無効だよ。

効　力

剰余金の配当により株主に交付される金銭等は、剰余金配当が生じる日における分配可能額を超えることができません。これに違反した配当は、違法配当となります。違法配当は、無効と考えられます。

法律関係

この場合の法律関係は次のようになります。

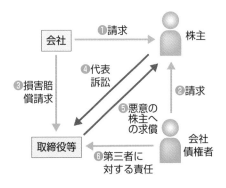

違法配当では、④・⑥以外が特に重要です。

①会社の請求権

まず、会社は、違法配当を受けた株主に対し、交付を受けた金銭を支払うよう請求できます。

しかし、会社が株主に対して返還を請求することは期待できません。

②会社債権者の請求権

そこで、会社債権者は、違法配当を受けた株主に対し、交付を受けた金銭を支払うよう請求できます。

しかし、一債権者が全株主に対してこのような請求を行うことは、事実上不可能です。

③取締役等に対する損害賠償請求

そこで、会社は、取締役等に対して損害賠償請求を行うことによって、その損失を填補することができます。

しかし、取締役等の馴れ合いから、会社の責任追及がなされないおそれがあります。

④代表訴訟

そこで、株主が会社に代わって取締役等の責任を追及することができます。これは、違法配当のみで問題になるものではなく、通常のケースと同様です。

⑤取締役から悪意の株主への求償

取締役が会社に対して損害賠償をした場合、それは、違法配当を受けた株主が支払うべき義務を肩代わりしたこ

とになります。したがって、取締役は、株主に対して求償権を行使できます。

ただし、取締役が求償権を行使できるのは、悪意の株主に限られます。違法配当という悪いことを行った取締役が、善意の株主にまで求償するのはおかしいからです。

⑥取締役等の第三者に対する責任

取締役等が悪意・重過失によって第三者（会社債権者）に損害を与えた場合は、その損害を賠償する責任を負います。これは、違法配当のみで問題になるものではなく、通常のケースと同様です。

ポイント

違法配当の法律関係
❶会社の請求権（462条1項）
❷会社債権者の請求権（463条2項）
❸取締役等に対する損害賠償請求（462条1項）
❹代表訴訟
❺取締役から悪意の株主への求償（463条1項）
❻取締役等の第三者に対する責任

ミニテスト

1　会社は、違法配当を受けた株主に対し、交付を受けた金銭を支払うよう請求できるが、会社債権者は、当該株主に対し、金銭を支払うよう請求することができない。
2　会社は、取締役等に対して損害賠償請求を行うことによって、その損失を填補することができる。
3　取締役が会社に対して損害賠償をした場合には、取締役は、すべての株主に対して求償権を行使できる。
4　取締役等が悪意・重過失によって第三者である会社債権者に損害を与えた場合には、その損害を賠償する責任を負う。

解答　1　×　後半が誤り。会社債権者も請求できます。
　　　　2　○
　　　　3　×　善意の株主には求償できません。
　　　　4　○

068 資本金の額の増減等

資本金を増やしたり減らしたり…

Q 何が一番大事なの？
A 資本金額の減少だよ。

資本金の額の増加等

①剰余金の額の減少による資本金の額の増加

株式会社は、株主総会の普通決議によって、剰余金の額の減少による資本金の額の増加を行うことができます。

②剰余金の額の減少による準備金の額の増加

株式会社は、株主総会の普通決議によって、剰余金の額の減少による準備金の額の増加を行うことができます。

資本金の額の減少等

①資本金の額の減少

資本金の額の増加の場合と異なり、減少の場合は、株主・債権者に対する不利益があり得るので、厳格な手続を要求しています。

これは、いったん定められた資本金額は、自由に減少させることはできないという資本不変の原則の例外になります。

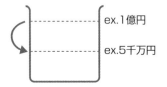

ex.1億円

ex.5千万円

この例外ですので、厳格な手続として、株主総会の特別決議と債権者の異議の制度が要求されます。

Ａ株主総会の特別決議

資本金の額を減少しようとするときは、原則として、株主総会の特別決議で、減少する資本金額、準備金に組入れる場合は組入額、資本金額の減少が効力を生じる日を定めなければなりません。

Ｂ債権者の異議

株式会社が資本金の額の減少を行う場合、債権者は、会社に対し、異議を述べることができます。債権者に異議を述べる機会を与えるため、会社は、資本金額減少に関連する情報を官報に公告し、かつ、把握している債権者には個別に催告しなければなりません。

債権者が異議を述べた場合、会社は、原則として弁済等をしなければなりません。異議を述べなかった債権者は、資本金額減少を承認したものとみなされます。

②準備金の額の減少

Ａ株主総会の普通決議

準備金の額を減少しようとするとき

は、原則として、株主総会の普通決議で、減少する準備金の額などを定めなければなりません。

B債権者の異議

株式会社が準備金額の減少を行う場合、債権者は、会社に対し、異議を述べることができますが、一定の場合には、異議を述べることができません。債権者に異議を述べる機会を与えるた

め、会社は、準備金額減少に関連する情報を官報に公告し、かつ、把握している債権者には個別に催告しなければなりません。

債権者が異議を述べた場合、会社は、原則として弁済等をしなければなりません。異議を述べなかった債権者は、準備金額減少を承認したものとみなされます。

ポイント

資本金の額の増加（450条）
準備金の額の増加（451条）
資本金の額の減少
　⇒資本不変の原則の例外
　　❶株主総会の特別決議（447条）
　　❷債権者の異議（449条）
準備金の額の減少
　　❶株主総会の普通決議（448条）
　　❷債権者の意義（449条）

ミニテスト

1　株式会社は、株主総会の普通決議によって、剰余金の額の減少による資本金の額の増加を行うことができる。

2　資本金の額を減少しようとするときは、原則として、株主総会の特別決議で、減少する資本金額、準備金に組み入れる場合は組入額、資本金額の減少が効力を生じる日を定めなければならず、また、債権者は、会社に対し、異議を述べることができる。

3　準備金の額を減少しようとするときは、原則として、株主総会の特別決議で、減少する準備金の額などを定めなければならない。

解答　1　○
　　　　2　○
　　　　3　×　株主総会の普通決議です。

069 持分会社

株式会社以外の小さな会社です

Q 持分ってどんな意味なの？

A 共同所有の割合という意味だよ。

意 義

株式会社以外の会社を持分会社といいます。合名会社、合資会社、合同会社の3つです。

そもそも持分とは、共同所有の割合のことです。出資者である各社員が会社を共同所有しているという点に着目して、持分会社といいます。

責 任

3つの会社は、社員の責任態様によって区別されます。そこで、まず責任態様について説明します。

①直接責任・間接責任

直接責任とは、社員が会社債務について直接会社債権者に対して弁済責任を負う場合をいいます。

間接責任とは、法律上は会社債権者に対して無責任ですが、社員の出資が会社財産になり、会社を通して間接的に会社債権者に対する担保となるので、その意味で間接責任と呼ばれます。

直接責任の場合には、社員が会社債権者に対して弁済しなければならないという重い責任です。合名会社と合資会社の社員がこの直接責任を負いま

す。間接責任の場合には、社員は会社債権者に対して弁済する責任を負わない軽い責任です。合同会社（と株式会社）の社員がこの間接責任です。

②無限責任・有限責任

無限責任とは、社員が会社債務について無限に弁済する責任を負う場合をいいます。例えば、会社が1億円の債務をかかえたまま倒産したとすると、社員はその1億円全額について責任を追及されることになります。重い責任です。合名会社の社員全員と合資会社の無限責任社員がこの無限責任を負います。

有限責任とは、社員が会社債務について出資額を超えて責任を負わない場合をいいます。例えば、前述の場合にも、社員は自分の出資額が100万円であれば、それ以上責任を負うことはありません。軽い責任です。合資会社の有限責任社員と合同会社（と株式会社）の社員がこの間接責任です。

定 義

①合名会社

合名会社とは、無限責任社員のみで

構成される会社です。最も厳しい責任になります。株式会社とは真反対の会社というイメージです。

合名会社

無限責任社員

②合資会社

合資会社とは、無限責任社員と（直接）有限責任社員で構成される会社です。二元的組織の会社です。株式会社と合名会社の中間の会社というイメージです。

合資会社

無限責任社員　　有限責任社員

③合同会社

合同会社とは、（間接）有限責任社員のみで構成される、株式会社でない会社です。最も軽い責任になるので、株式会社の株主に似ています。しかし、株式会社と比べ、機関設計がシンプルなので、より自由に会社経営ができる形態です。それゆえ、ベンチャー企業向けといわれています。

合同会社

有限責任社員

ポイント

合名会社	無限責任社員のみで構成される会社（576条2項）
合資会社	無限責任社員と（直接）有限責任社員で構成される会社（576条3項）
合同会社	（間接）有限責任社員のみで構成される会社（576条4項）

ミニテスト

1　株式会社以外の会社を持分会社といい、合名会社、合資会社、　　　　の3つがある。

解答　1　空欄には、合同会社が入る。

070 持分会社の社員

持分会社の出資者です

Q 株式会社で考えると誰に相当するの？
A 株主に相当するよ。

社員の責任

無限責任社員は、持分会社の財産で債務を完済できない場合、持分会社の財産に対する強制執行が奏功しない場合には、持分会社の債務を弁済しなければなりません。

有限責任社員は、出資額を限度に、この責任を負います。

社員の責任を変更した場合については、有限責任社員が無限責任社員となったときは、無限責任社員となる前に生じた会社の債務についても、無限責任を負います。無限責任社員が有限責任社員となったときでも、その旨の登記をする前に生じた会社の債務については、従前の責任を負います。

持分の譲渡

持分の譲渡は、株式会社における株式の譲渡に相当します。

持分会社の社員の持分の譲渡には、他の社員全員の承諾が必要です。社員に個性があるからです。ただし、業務を執行しない有限責任社員が持分を譲渡する場合は、業務執行社員（後述）全員の承諾で足ります。

なお、持分全部を譲渡した社員も、その旨の登記前に生じた会社の債務を弁済する責任を負います。

また、株式会社は自己株式を取得することが可能ですが、持分会社は、自己持分を取得することができません。持分会社が取得した自己持分は、取得した時点で消滅します。

誤認行為の責任

合資会社の有限責任社員、または、合名会社・合資会社の社員でない者が、無限責任社員であると誤認させる行為をした場合は、その誤認に基づいて取引をした者に対し、無限責任社員と同一の責任を負います。

合資会社・合同会社の有限責任社員がその責任の限度を誤認させる行為をした場合、または、合資会社・合同会社の社員でない者が有限責任社員であると誤認させる行為をした場合、その誤認させた責任の範囲内で、会社の債務を弁済する責任を負います。

社員の加入

持分会社の社員の加入の効力は、そ

の旨の定款変更時に生じます。ただし、合同会社の場合、定款変更時に出資を完了していない場合は、出資完了時に効力を生じます。

加入社員は、加入前の会社の債務についても責任を負います。

社員の退社

持分の払戻しが行われる退社の方法には、任意退社と法定退社の2つがあります。

任意退社は、6か月前までに予告したうえで、事業年度の終了時に行うことができ、やむを得ない場合には、いつでもできます。これは、株式会社の株主には認められていません。

法定退社は、一定の事由の発生によって行うことができます。

退社員は、退社登記前に生じた会社の債務についても弁済の責任を負います。

甲会社

持分　払戻し

社員A

ポイント

持分の譲渡は、他の社員全員の承諾が必要（585条1項）
任意退社は、できる（606条1項）

ミニテスト

1　無限責任社員は、持分会社の財産で債務を完済できない場合、財産に対する強制執行が奏功しない場合には、会社の債務を弁済しなければならない。
2　持分会社の社員の持分の譲渡には、他の社員の過半数の承諾が必要となる。
3　任意退社は、6か月前までに予告して、事業年度の終了時に行うことができる。

解答　1　○
　　　　2　× 他の社員「全員」の承諾が必要です。
　　　　3　○

071 持分会社の設立・管理

業務執行社員が選ばれる場合もあります

Q 業務執行社員って何？
A その名の通り、業務を執行する社員だよ。

設　立

①定款の作成

持分会社を設立するには、社員となろうとする者が定款を作成し、全員が署名または記名押印しなければなりません。

定款には、各社員が無限責任社員なのか有限責任社員なのかを記載しなければなりません。すなわち、合名会社では、社員全部を無限責任社員として記載し、合資会社では、社員の一部を無限責任社員とし、その他の社員を有限責任社員として記載し、合同会社では、社員全部を有限責任社員として記載します。各社員の責任態様は重要だからです。

②出資の履行

持分会社の社員は、定款に記載した出資の目的物を出資しなければなりません。

ただし、設立登記時までに出資しなければならないのは、合同会社の社員だけで、合名会社と合資会社の社員の出資の履行に関しては、会社の自治に委ねられています。合同会社の社員は有限責任しか負わないからです。

管　理

①業務執行

業務を執行する社員である業務執行社員を定めない場合は、各社員が持分会社の業務を執行します。社員が複数いる場合には、社員の過半数で業務を決定します。

定款で業務執行社員を定めた場合は、業務執行社員が持分会社の業務を執行します。業務執行社員が複数いる場合には、業務執行社員の過半数で業務を決定します。業務を執行しない社員は、持分会社の業務・財産状況を調査することができます。

②業務執行社員

A会社との関係

業務執行社員と会社との関係は、委任契約です。したがって、業務執行社員は持分会社に対し、善管注意義務と忠実義務を負います。また、業務執行社員は、会社・社員の請求があるときは、職務の執行状況を報告し、職務が終了したときは、遅滞なくその経過・結果を報告しなければなりません。その他、民法の報酬、費用などの規定が準用されます。

B競業避止義務

業務執行社員は、他の社員の「全員」の同意がなければ、自己または第三者のために会社の事業の部類に属する取引をしたり、会社と同種の事業を営む他の会社の取締役・執行役・業務執行社員となることができません。

C利益相反取引

業務執行社員は、他の社員の「過半数」の同意がなければ、利益相反取引を行うことができません。競業避止義務との違いに注意です。

D会社に対する責任

業務執行社員が任務を怠ったことによって会社に損害を与えた場合、その損害を賠償する責任を負います。

なお、競業避止義務違反によって業務執行社員が得た利益の額は、会社の損害額と推定されます。

E第三者に対する責任

業務を執行する有限責任社員がその職務を行うについて悪意・重過失があったときは、第三者に対しても損害賠償の責任を負います。

ポイント

業務執行社員
　会社に対する義務
　　⇒善管注意義務・忠実義務（593条1項・2項）、
　　　競業避止義務（594条1項）、利益相反取引禁止義務（595条1項）
　会社に対する責任（596条）
　第三者に対する責任（597条）

ミニテスト

1　持分会社を設立するには、社員となろうとする者が定款を作成し、全員が署名または記名押印しなければならない。
2　定款で業務執行社員を定めた場合は、業務執行社員が持分会社の業務を執行し、業務執行社員が複数いる場合には、業務執行社員の過半数で業務を決定する。
3　業務執行社員は持分会社に対し、善管注意義務と忠実義務を負い、他の社員の全員の同意がなければ、自己または第三者のために会社の事業の部類に属する取引をしたり、会社と同種の事業を営む他の会社の取締役・執行役・業務執行社員となることができず、また、利益相反取引を行うこともできない。

解答　1　○
　　　2　○
　　　3　× 最後の部分が誤り。利益相反取引は、他の社員の「過半数」の同意で行うことができる。

072 持分会社の計算

合名・合資会社と合同会社との違いに注意です！

Q 株式会社に似ているのは、どの会社？

A 合同会社だよ。

会計帳簿等作成保存義務

持分会社は、適時かつ正確な会計帳簿を作成し、10年間保存しなければなりません。また、持分会社は、その成立の日における貸借対照表、および、各事業年度における計算書類を作成し、10年間保存しなければなりません。

計算書類の閲覧等

①合名会社・合資会社

合名会社・合資会社の社員は、会社の営業時間内であればいつでも、計算書類の閲覧・謄写を請求できます。

②合同会社

合同会社の社員・債権者は、会社の営業時間内であればいつでも、計算書類の閲覧・謄写を請求できます。有限責任社員のみなので、債権者を保護する趣旨です。

資本減少

①合名会社・合資会社

合名会社・合資会社は、損失の填補のために資本金の額を減少することができます。

②合同会社

合同会社は、損失の填補、および、出資の払戻しまたは持分の払戻しのために、資本金の額を減少することができます。その際、合同会社の債権者は異議を述べることができます。

利益配当

①合名会社・合資会社

合名会社・合資会社の社員は、会社に対し、利益の配当を請求できます。配当額等利益の配当に関する事項は、定款で定めることができます。

ただし、有限責任社員が利益額を超えて配当を受けた場合には、有限責任社員は配当額を会社に返還しなければなりません。

②合同会社

合同会社の社員も、会社に対し、利益の配当を請求できます。しかし、配当額が利益額を超える場合には配当できません。

合同会社がこの規制に違反して配当を行った場合、配当に関する業務を執行した社員は、配当を受けた社員と連帯して、配当額を会社に支払わなけれ

ばなりません。

出資の払戻し

①合名会社・合資会社

合名会社・合資会社の社員は、会社に対し、出資の払戻しを請求できます。出資の払戻しに関する事項は、定款で定めることができます。

②合同会社

合同会社の社員は、定款を変更して出資額を減少しなければ、出資の払戻しの請求はできません。また、払戻し金額が、定款を変更して減少させた出資額、払戻しの請求をした日における

剰余金額のいずれか少ない方を超える場合は出資の払戻しをすることはできません。

この規制に違反して出資の払戻しをした場合には、払戻しに関する業務を執行した社員は、払戻しを受けた社員と連帯して、払戻額を会社に支払わなければなりません。

また、払い戻そうとする金額が剰余金額を超える場合には、資本金の額を減少させて剰余金額を増やすことができますが、資本金の額の減少の際には、前述のとおり、債権者は異議を述べることができます。

ポイント

合同会社の配当・出資の払戻し
⇒配当額が利益額を超える場合には、配当できない（628条）
⇒定款変更して出資額を減少しないと、出資の払戻し請求はできない（632条）

ミニテスト

1　合名会社・合資会社の社員と債権者は、会社の営業時間内であればいつでも、計算書類の閲覧・謄写を請求できる。
2　合同会社は、損失の填補、および、出資の払戻しまたは持分の払戻しのために、資本金の額を減少することができるが、その際、合同会社の債権者は異議を述べることはできない。
3　合同会社では、配当額が利益額を超える場合には、配当をすることができない。
4　合同会社の社員は、定款を変更して出資額を減少しなければ、出資の払戻しの請求ができない。

解答　1　×　債権者が誤りです。
　　　　　2　×　異議を述べることができます。
　　　　　3　○
　　　　　4　○

073 事業譲渡等

組織の再編にも利用されます

Q 有機的って、どういう意味なの？

A 生き物のように、という意味だよ。

組織再編

　会社法は、合併、会社分割、株式交換・株式移転などを組織再編行為としてまとめて規定していますが、事業譲渡等も、組織再編の手段となり得るので、ここで整理します。

事業譲渡

①意義

　事業譲渡とは、一定の事業目的のために組織化された有機的一体をなす機能的財産の譲渡であって、譲受会社が事業活動を承継し、譲渡会社が競業避止義務を負担する契約です（判例）。

譲渡会社甲		譲受会社乙
事業財産	↓譲渡	
譲渡会社甲		譲受会社乙
競業避止義務を負担		事業活動を承継

　以上、非常に難解な定義になります。

　そこで、暗記するよりも具体例で理解するのが大切です。例えば、○○の製造業を営む甲株式会社が乙株式会社に、その製造工場一式を売るような場合です。この場合の工場一式が「一定

の事業目的のために組織化された有機的一体をなす機能的財産」になります。当てはめてみましょう。○○の製造という目的のためです。工場なので、各部門が組織化されており、部品が生き物（有機物）であるかのようにベルトコンベアーで運ばれるなど、機能しています。

　そして、事業譲渡に当たるか否かを明確に区別するために、事業活動承継と競業避止義務を要求します。つまり、乙が○○の製造業を引き継ぎ、甲が○○の製造業をしないということです。

②規制

　事業譲渡の際の手続は、事業の全部の譲渡および事業の重要な一部の譲渡（総資産額の5分の1を超える事業の譲渡）には、株主総会の特別決議を要するのが原則です。事業譲渡は、株主の利益に重大な影響を及ぼすからです。

　なお、平成26年改正によって、これらの事業譲渡等に、子会社の支配権を失うような、一定の要件を満たす子会社の株式等の譲渡が加わることになりました。

事業の全部の譲受け

事業の全部の譲受けとは、一定の事業目的のために組織化された有機的一体をなす機能的財産の譲受けであって、譲受会社が事業活動を承継し、譲渡会社が競業避止義務を負担する契約です。

事業の全部の譲渡の裏返しです。

この場合も、原則として、株主総会の特別決議を要します。

株式買取請求権

事業譲渡、事業の全部の譲受けの場合に、反対株主は、会社に対して株式買取請求を行うことができます。

ポイント

事業譲渡
⇒一定の事業目的のために組織化された有機的一体をなす機能的財産の譲渡であって、譲受会社が事業活動を承継し、譲渡会社が競業避止義務を負担する契約（最判昭40・9・22）
⇒株主総会の特別決議（467条1項1号）
事業の全部の譲受け
⇒事業の全部譲渡の裏返し
⇒株主総会の特別決議（467条1項3号）

ミニテスト

1 会社法は、合併、会社分割、株式交換・株式移転などを組織再編行為として規定している。
2 事業譲渡とは、一定の事業目的のために組織化された有機的一体をなす機能的財産の譲渡であって、譲受会社が事業活動を承継し、譲渡会社が競業避止義務を負担する契約であるとするのが判例である。
3 事業の全部の譲渡および事業の重要な一部の譲渡には、株主総会の特別決議を要するのが原則である。
4 事業譲渡と異なり、事業の全部の譲受けには、株主総会の普通決議を要するのが原則である。
5 事業譲渡、事業の全部の譲受けの場合において、反対株主は、会社に対して株式買取請求を行うことはできない。

解答
　1 ○
　2 ○
　3 ○
　4 × 特別決議です。
　5 × できます。

074 合併

2つの会社が1つになります

Q 合併の種類は？

A 吸収合併と新設合併の2つだよ。

意　義

　合併とは、2つ以上の会社を1つに合一させる会社法上の一種特別の契約です。簡単にいえば、2つの会社を1つにすることです。併せるから合併といいます。

　経済的機能としては、経営戦略として行われることが多く、その目的も対外経済政策への対応、生産集中専門化、経営多角化、市場占拠率の拡大、販売力の強化、資金調達力の増大、経営の合理化等、多様です。

種　類

　合併の種類には、吸収合併と新設合併の2つがありますが、わが国では吸収合併が多いので、吸収合併がより重要です。

　吸収合併とは、会社が他の会社とする合併であって、合併により消滅する会社（A会社）の権利義務の全部を合併後存続する会社（B会社）に承継させるものです。吸収するから吸収合併といいます。

吸収合併

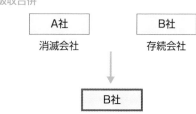

　新設合併とは、2つ以上の会社がする合併であって、合併により消滅する会社（A・B会社）の権利義務の全部を合併により設立する会社（C会社）に承継させるものです。新設するから新設合併といいます。

新設合併

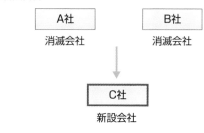

手　続

　株式会社間の吸収合併の流れは、次のようになります。

（株式会社間の吸収合併の流れ）

合併契約　合併契約等の　合併承認　債権者保護　関連書面等の
　　　　　備置・閲覧等　　決議　　　手続　　　備置・閲覧等

　合併契約の締結から始まり、事後の関連書類の備置き等で終わるこの手続の中で、特に大切なのは、株式会社をめぐる2大利害関係者である株主と会社債権者の保護に関する合併承認決議と債権者保護手続の2つです。

　まず、合併について重大な利害関係をもつ株主の保護のために合併承認決議が要求されています。原則として、株主総会の特別決議が必要です。さらに、反対の株主には株式買取請求権が認められます。これらによって、合併に賛成する多数派も、反対する少数派も保護されることになります。

　また、合併について重大な利害関係をもつ債権者の保護のために異議の制度が要求されています。債権者が異議を述べたときは、弁済等をしなければ

なりません。これにより、異議のある債権者も保護されます。

効力の発生

　吸収合併では、吸収合併存続株式会社は、契約で定めた効力発生日に、吸収合併消滅会社の権利・義務を承継します。

　新設合併では、新設合併設立株式会社は、その成立日（設立登記日）に、新設合併消滅会社の権利・義務を承継します。

持分会社の許容

　合併は、株式会社のみならず、持分会社も行うことができます。消滅会社・存続会社・新設会社に関して、会社の種類による制限はありません。

ポイント

株主総会の特別決議（795条など）株主買取請求（797条など）
債権者の異議（799条など）

ミニテスト

1　株式会社が合併を行うには、原則として、株主総会の特別決議が必要となる。

解答　1　○

075 会社分割

1つの会社が2つになります

Q 会社分割の種類は？

A 吸収分割と新設分割の2つだよ。

意　義

　会社分割とは、1つの会社を2つ以上の会社に分けることです。会社を分けるから会社分割といいます。

　合併と逆方向の手続です。

　複数の事業部門を有する会社が、各事業部門を独立させて生産性・効率性の向上を図る場合などに利用されます。

　会社分割には、合併の2種類に対応する形で、吸収分割と新設分割の2種類があります。

　吸収分割とは、「株式会社・合同会社」（A会社）が、その事業に関して有する権利義務の全部または一部を、分割後、他の会社（B会社）に承継させることです。

吸収分割

　新設分割とは、「株式会社・合同会社」（A会社）が、その事業に関して有する権利義務の全部または一部を、分割により設立する会社（C会社）に承継させることです。

新設分割

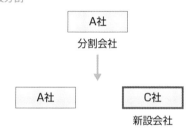

手続・効力の発生

　会社分割の手続は、吸収分割は吸収合併に準じ、新設分割は新設合併に準じます。すなわち、原則として、株主総会の特別決議、反対株主の株式買取請求、および、債権者異議の手続が必要です。

　効力の発生も同様です。吸収分割承継株式会社は、効力発生日に、吸収分割会社の権利義務を承継し、新設分割設立株式会社は、その成立日に、新設分割会社の権利義務を承継します。

持分会社の制限

　持分会社については合併と異なります。注意が必要です。

　会社分割は、株式会社のみならず、

持分会社も行うことができますが、合名会社・合資会社は、分割会社となることはできません。承継会社または新設会社にはなれます。図のＡ会社側にはなれず、Ｂ・Ｃ会社側にはなれるということです。

もし、分割会社になれるとすると、無限責任社員の責任の承継に関して困難な問題が生じるからです。

分割会社	株式会社・合同会社
承継会社または新設会社	すべての会社

会社分割
❶吸収分割
株式会社・合同会社が、その事業に関して有する権利義務の全部または一部を、分割後、他の会社に承継させること（2条29号）
❷新設分割
株式会社・合同会社が、その事業に関して有する権利義務の全部または一部を、分割により設立する会社に承継させること（2条30号）
持分会社の制限
⇒合名会社・合資会社は、分割会社となることはできない
承継会社または新設会社にはなれる

ミニテスト

1 会社分割には、吸収分割と新設分割の2種類があるが、吸収分割とは、株式会社・合同会社が、その事業に関して有する権利義務の全部または一部を、分割により設立する会社に承継させることをいい、新設分割とは、株式会社・合同会社が、その事業に関して有する権利義務の全部または一部を、分割後、他の会社に承継させることをいう。
2 吸収分割承継株式会社は、効力発生日に、吸収分割会社の権利義務を承継する。
3 合名会社・合資会社は、分割会社にはなれないが、承継会社または新設会社にはなれる。

解答 1 × 吸収分割と新設分割が、逆になっています。
2 ○
3 ○

076 株式交換・株式移転・株式交付

親子会社関係を作る制度です

Q 完全親子会社にならなくてもよいのはどれ？
A 株式交付だよ。

意　義

　株式交換・株式移転は、一方の会社が他方の株式会社の発行済株式のすべてを有する完全親子会社を簡易・円滑に創設するための手続です。

　株式交換は、既存の会社間で完全親子会社を創設しますが、株式移転は、既存の会社を完全子会社とし、完全親会社を設立します。

　株式交付は、既存の会社間で行う点は株式交換と同じですが、子会社の全部の株式を取得しなくてもよい点が異なります。いわば、株式交付は部分的な株式交換を行う制度といえます。

株式移転	株式交換	株式交付
完全親子会社		親子会社
親会社を新設	既存の会社間で行う	

株式交換

①意義

　株式会社（A社）がその発行済株式の全部を、他の株式会社または合同会社（B社）に取得させることです。

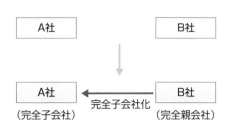

②手続・効力の発生

　株式交換の手続は、吸収合併（吸収分割）に概ね準じます。

　効力の発生も同様で、株式交換完全親会社は、効力発生日に、株式交換完全子会社の発行済株式の全部を取得します。

株式移転

①意義

　株式会社（A社）がその発行済株式の全部を、新たに設立する株式会社（B社）に取得させることです。

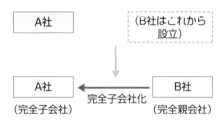

②手続・効力の発生

株式移転の手続は、新設合併（新設分割）に概ね準じます。

効力の発生も同様で、株式移転設立完全親会社は、その成立日に、株式移転完全子会社の発行済株式の全部を取得します。

株式交付

①意義

株式会社（Ｂ社）が他の株式会社（Ａ社）をその子会社とするために、Ａ社の株式を譲り受け、譲渡人に対して対価としてＢ社の株式を交付することです。

②手続・効力の発生

株式交付親会社は株式交付計画を作成し、原則として、株式交付親会社の株主総会の特別決議による承認を受けなければなりません。これに対し、株式交付子会社は、株式交付の当事者ではなく、組織再編の手続きはとられません。

株式交付の効力は、株式交付計画で定めた効力発生日に生じ、その日に株式交付親会社は給付を受けた株式交付子会社の株式を取得します。

なお、親会社・子会社の種類について整理すると、次のようになります。

	子会社	親会社
株式移転 株式交付	株式会社	株式会社
株式交換		株式会社 合同会社

ポイント

株式交換

　株式会社がその発行済株式の全部を、他の株式会社または合同会社に取得させること（２条31号）

株式移転

　株式会社がその発行済株式の全部を、新たに設立する株式会社に取得させること（２条32号）

株式交付

　株式会社が他の株式会社をその子会社とするために当該他の株式会社の株式を譲り受け、当該株式の譲渡人に対して当該株式の対価として当該株式会社の株式を交付すること（２条32号の２）

ミニテスト

1　株式交換では、既存の会社間で完全親子会社を創設し、株式移転では、既存の会社を完全子会社として完全親会社を設立する。

解答　1　○

077 商法

ここから商法です

Q 商法ってどんな法律なの？

A 商人や商行為についての法律だよ。

内　容

　商法が会社法と異なるのは、当事者が会社とは限らないという点です。会社企業だけではなく、一般の商店経営者などの個人企業も含むということに注意が必要です。

　そして、商法は、大きく分けて商法総則と商行為の2つの分野から成ります。

　商法総則は個人企業も含んだ企業そのものに関する分野で、商行為はその企業間の取引に関する分野です。

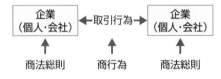

民法と商法の関係

　商法は民法の特別法です。特別法は一般法に優先します。

　したがって、商事に関する法律上の問題が発生した場合、まず商法に規定があるかを検討し、商法に規定がない場合は商事に関する慣習（その時代や地域によって違うので、気にしないこと）を検討し、それでも解決できない場合は民法を適用するのです。

①商法→②（商慣習）→③民法

商法と会社法の関係

　会社法は商法の特別法です。

　したがって、会社法に規定のある事項については会社法を適用し、会社法に規定がない場合に商法を適用します。

①会社法→②商法

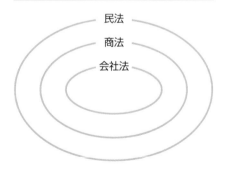

商法と民法の適用区別

　契約当事者の一方のために商行為となる行為については、契約当事者双方に商法が適用されます（商法3条1項）。

ところで、民法では、本人が死亡すると代理人の代理権が消滅しますが、商行為の委任による代理権は、本人の死亡によっては消滅しません。また、民法では他人のために行為をしても無償が原則ですが、商人がその営業の範囲内において他人のために行為をしたときは、相当な報酬を請求することができます。

このように、どちらの法律が適用されるかによって結論が異なる場合があるので、商法と民法の適用区別を明確にしておかなければなりません。このために、次に説明する商人と商行為の概念が必要になります。商人や商行為には、民法ではなく商法が適用されるからです。

ポイント

民法と商法の関係
　⇒商法は民法の特別法である（商法1条2項、以下商法の条文番号）
商法と会社法の関係
　⇒会社法は商法の特別法である（1条1項）

ミニテスト

1　商法は、大きく分けて商法総則と商行為の2つの分野から成る。
2　商事に関する法律上の問題が発生した場合、まず商法に規定があるかを検討し、商法に規定がない場合は商事に関する慣習を検討し、それでも解決できない場合は民法を適用する。
3　会社法に規定のある事項については会社法を適用し、会社法に規定がない場合に商法を適用する。
4　契約当事者の一方のために商行為となる行為については、契約当事者双方に民法が適用される。

解答　1　○
　　　　　2　○
　　　　　3　○
　　　　　4　×　商法が適用されます。

第3編

商法

商 法

078 商人と商行為

日本の商法の考え方を理解しましょう！

Q 折衷主義ってどういうことなの？

A 中間的な考え方のことだよ。

概　　念

　商人や商行為には、民法ではなく商法が適用されます。そこで、商人と商行為の概念は、商法と民法の適用区別を図るために必要となります。

　これらの概念の定め方、つまり立法主義には、大きく分けて２つの立場があります。

　第１は、商行為とは何かを明確にし、商行為を行った者を商人とする考え方で、これを商行為法主義（商事法主義）といいます。まず商行為概念ありき、とする考えです。

　第２は、反対の立場で、商人とは何かを明確にし、商人の行った行為を商行為とする考え方で、これを商人法主義といいます。まず、商人概念ありき、とする考えです。

商行為法主義	①商行為⇒②商人
商人法主義	①商人⇒②商行為

　ただし、どちらかの考え方だけ採ると不都合が生じるので、通常は、一方を原則として、他方を加味するという折衷主義が採られます。

　日本の商法は、商行為法主義を原則とし、それで足りない部分について商人法主義を導入する折衷主義です。

　すなわち、商法501条・502条で商行為概念を定め、４条１項で、この商行為を営業として行う者を商人とするという商行為法主義を原則として、他方で、４条２項で商行為概念を前提としない商人である擬制商人を認め、また、503条で商人概念から導き出される商行為である附属的商行為を定めるという商人法主義を加味しています。

　図で表すと、次頁のようになります。この後で説明する絶対的商行為などの各概念を学習した後に、最後に戻って見てください。

　この後、各概念を順次説明していきますが、学習順が大切です。

　①絶対的商行為→②営業的商行為→③固有の商人、そして、④擬制商人→⑤附属的商行為の順番で学習します。これが日本商法の折衷主義の構造だからです。

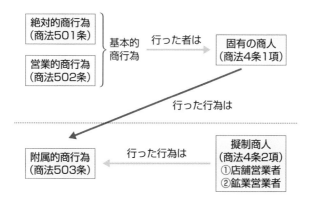

商法

商人と商行為の概念

商行為法主義
⇒商行為とは何かを明確にし、商行為を行った者を商人とする考え方

商人法主義
⇒商人とは何かを明確にし、商人の行った行為を商行為とする考え方

折衷主義
⇒上記のうちの一方を原則として、他方を加味する考え方
*商法は、商行為法主義を原則とし、商人法主義を加味する折衷主義を採用
する

ミニテスト

1　商人と商行為の概念は、商法と民法の適用区別を図るために必要となる。

2　商行為とは何かを明確にし、商行為を行った者を商人とする考え方のことを、商人
法主義という。

3　商人とは何かを明確にし、商人の行った行為を商行為とする考え方のことを、商行
為法主義という。

4　商法は、501条・502条で商行為概念を定め、4条1項で、この商行為を営業と
して行う者を商人とするという商行為法主義を原則として、他方で、4条2項で商
行為概念を前提としない商人である擬制商人を認め、また、503条で商人概念か
ら導き出される商行為である附属的商行為を定めるという商人法主義を加味してい
る。

解答　1　○

2　×　商行為法主義です。

3　×　商人法主義です。

4　○

079 絶対的商行為

絶対に商行為となります

Q 具体例は何？

A デパートやスーパーだよ。

意　義

　絶対的商行為とは、行為の客観的性質から高度の営利性が認められるため、営業としてなされるか否かを問わず商行為とされるものをいいます。

　ここで営業としてとは、営利目的で反復継続して、つまり繰り返して行うことです。

　商人以外の者が1回限り行った場合でも常に商行為とされるので、絶対に商行為だという意味で、絶対的商行為といいます。

　次の4種類の行為です。

4 種 類

①投機購買とその実行行為

1号の例

　安く仕入れて（投機購買）高く売る（実行行為）ことによって、差額を利益とすることです。目的物は、動産、「不動産」、有価証券です。土を買って瓦を作って売るように、途中に加工が

行われてもかまいません。

　具体的な職種としては、デパート、スーパーが典型例です。品物をまず安く仕入れて、その後高く売って、差額を儲けます。

　図の例は、BがAから○○を安く買い（100万円）、Cに高く売る（120万円）場合です。その結果、Bはその差額20万円を利得することになります。AB間の売買を投機購買と呼び、BC間の売買を実行行為と呼びます。

②投機売却とその実行行為

　①の逆パターンです。高く売っておいて（投機売却）後に安く仕入れて（実行行為）、差額を利益とすることです。目的物は、動産と有価証券です。不動産は不代替物なので、供給契約の目的物に適さないため除かれています。途中に加工が行われてもかまいません。

　身近な例として、本の注文販売があります。B書店が客Cの注文に応じてまず1,200円で本を売っておきます。その後出版社Aから1,000円で本を仕入れて、200円儲けます。

③取引所においてする取引

取引所では、取引が大量に専門技術的・定型的に行われるため、絶対的商行為とされています。

各種の商品取引所や証券取引所で行う取引が典型例です。

④商業証券に関する行為

手形等の商業証券の振出・裏書といった行為は、定型的に行われるため絶対的商行為とされます。

以上の4個を、次の営業的商行為の13個と区別するために、暗記しましょう。

語呂合わせだと、

「取引所で 証券を 売り 買いする」！

で4つ覚えられますね。

取引所で③、証券で④、売りで②、買いで①です。

ポイント

絶対的商行為（501条）
⇒行為の客観的性質から高度の営利性が認められるため、営業としてなされるか否かを問わず商行為とされるもの
　❶投機購買とその実行行為
　　　ex.デパート、スーパー
　❷投機売却とその実行行為
　　　ex.本の注文販売
　❸取引所においてする取引
　　　ex.商品取引所、証券取引所
　❹商業証券に関する行為
　　　ex.手形の振出

ミニテスト ‥‥‥‥‥‥‥‥‥‥‥‥‥‥‥‥‥‥‥‥‥‥‥‥‥‥

次のうち、絶対的商行為でないものはどれか。
1　投機購買とその実行行為
2　投機売却とその実行行為
3　投機貸借とその実行行為
4　取引所においてする取引
5　商業証券に関する行為

解答　3　投機貸借とその実行行為は、絶対的商行為ではなく、次に説明する営業的商行為の1つです。語呂の「取引所で証券を売り買いする」には、貸し借りは入っていませんね。

080 営業的商行為

営業として行うと商行為となります

Q 具体例は何？

A レンタルビデオ店だよ。

意　義

　営業的商行為とは、営業として行われるときに初めて商行為となるものをいいます。営業として行われることによって営利性が認められるとされる行為です。なお、計画的に行われれば、最初の1回目の行為も営業としてなされたものとみなされます。

　次の13種類の行為です。

13 種 類

①投機貸借とその実行行為

　売買ではなく、賃貸借になります。いわゆるレンタル業です。レンタルビデオ店などが典型例です。目的物は、動産と不動産のみです。

②他人のための製造・加工に関する行為

　原材料と同一性がなくなるのが製造業で、同一性があるのが加工業です。酒類醸造業（製造）、クリーニング店（加工）などが具体例です。

③電気・ガスの供給に関する行為

　電力会社、ガス会社ですので、○○電力・○○ガスが例です。

④運送に関する行為

　運送業です。宅配便の会社が例です。

⑤作業・労務の請負

　建設業が典型例です。ゼネコンが例です。

⑥出版・印刷・撮影に関する行為

　出版業、印刷業、写真屋が例です。

⑦場屋営業

　場屋（じょうおく）営業とは、客が一定の設備を利用することを目的とする契約です。ホテル、旅館が典型例で、○○ホテルなどです。

　なお、判例は、理髪業は含まないとしています。客自らが設備を利用するわけではないからです。

⑧両替その他の銀行取引

　銀行取引とは、与信と受信の両行為を行う金融機関の行為をいいます。つまり、（与信）信用を与える＝お金を貸すことと、（受信）信用を受ける＝お金を預かることの両業務が必要です。したがって、銀行が典型例で、○○銀行などです。

　よって、判例は、貸金業や質屋業は含まないとしています。これらは、与

信のみで受信を行っていないからです。客にお金を貸すだけで、客からお金を預かりません。

⑨保険

営利保険を意味します。保険会社が典型例です。営利を目的としない社会保険は当たりません。

⑩寄託の引受け

物を預かる契約ですので、倉庫業が例です。

⑪仲立ち・取次ぎ

証券会社が典型例です。

⑫商行為の代理の引受け

損害保険の代理店が典型例です。

⑬信託の引受け

信託、すなわち、他人の財産の管理運用を引き受ける信託会社が典型例です。

基本的商行為

絶対的商行為の4個と営業的商行為の13個を合わせた計17個が基本となる商行為なので、これらを基本的商行為といいます。

商法は、まずこの17個を商行為であると規定しました。商行為法主義です。

ポイント

営業的商行為（502条）
❶投機貸借とその実行行為❷他人のための製造・加工に関する行為❸電気・ガスの供給に関する行為❹運送に関する行為❺作業・労務の請負❻出版・印刷・撮影に関する行為❼場屋営業❽両替その他の銀行取引❾保険❿寄託の引受け⓫仲立ち・取次ぎ⓬商行為の代理の引受け⓭信託の引受け

ミニテスト

1　投機貸借とその実行行為は、賃貸借なので、絶対的商行為ではなく営業的商行為である。

2　場屋営業とは、客が一定の設備を利用することを目的とする契約をいうから、判例は、理髪業が含まれるとしている。

3　銀行取引とは、与信と受信の両行為を行う金融機関の行為をいうから、判例は、貸金業や質屋業は含まれないとしている。

解答　1　○
　　　　2　×　含まれないとしています。
　　　　3　○

081 商人

個人の商店主さんだけでなく、スーパー大企業も含まれます

Q 商人って、「あきんどさん」のこと？
A 違うよ。

意　義

商人には、本来の商人である固有の商人と、商人とみなされる擬制商人の２種類があります。

固有の商人

固有の商人とは、自己の名をもって商行為をすることを業とする者をいいます。本来の商人という意味で、固有の商人といいます。

自己の名をもってとは、自分が名義人となってという意味です。商行為とは、基本的行為を意味します。つまり、17個のうちのどれかです。業とするとは、営利目的で計画的に反復継続することを意味します。計画的になされれば、最初の１回でも業として行ったものとされます。

したがって、固有の商人とは、自己が名義人となって基本的商行為を営利目的の下で反復継続する者ということになります。○○デパート、○○レンタル店などが例です。

商行為法主義

以上までが、商法の原則である商行為法主義の内容になります。まず商行為概念ありきです。商法は、まず17個を商行為と規定し、それを行う者を商人としています。

以下が、加味される商人法主義です。次に擬制商人を説明します。

擬制商人

17個の基本的商行為を行うことを目的としませんが、その経営方式・企業形態から商人とみなされる者をいいます。みなされる＝擬制（ぎせい）されるので、擬制商人といいます。

擬制商人という概念が必要となるのは、17個の基本的商行為の中には、原始生産者（農・林・漁・鉱業者）の行為が含まれていないからです。

次の２種類の営業者です。

①店舗営業者

店舗営業者とは、店舗その他これに類似する設備によって物品を販売することを業とする者です。店舗で販売する物は、原始取得された物でかまいません。いわゆる行商は含まない点に注意が必要です。例えば、農業を営む者が、自作の野菜を店舗を設けて販売す

るときは商人となりますが、持ち歩いて売るときは商人となりません。

②鉱業営業者

鉱業を営む者です。

鉱物を掘る場合は、通常、大規模設備を伴うからです。

商人法主義

擬制商人は、基本的商行為を前提としない商人なので、まず商人概念ありきという商人法主義です。

最後に、次のテーマで附属的商行為を説明します。

ポイント

商人
　固有の商人（4条1項）
　　⇒自己の名をもって商行為をすることを業とする者
　擬制商人（4条2項）
　　店舗営業者
　　　⇒店舗その他これに類似する設備によって物品を販売することを業とする者
　　鉱業営業者
　　　⇒鉱業を営む者

ミニテスト

1　商人には、本来の商人である固有の商人と、商人とみなされる擬制商人の2種類がある。

2　固有の商人とは、自己の名をもって基本的商行為をすることを業とする者をいい、擬制商人とは、基本的商行為を行うことを目的としないが、その経営方式・企業形態から商人とみなされる者をいう。

3　「自己の名をもって」とは、自分が名義人となってという意味である。また、「業とする」とは、営利目的で計画的に反復継続するという意味であるので、最初の1回目では、業として行ったものとはされない。

4　原始生産者である農業を営む者が、自作の野菜を持ち歩いて売るときは、商人になる。

5　鉱業を営む者は、商人とみなされる。

解答　1　○
　　　　2　○
　　　　3　×　後半が誤り。計画的になされれば、業として行ったものとされます。
　　　　4　×　商人になりません。
　　　　5　○

082 附属的商行為

商人が附属的、補助的に行う行為です

Q 具体例は何？

A 営業資金を借りることだよ。

意　義

　附属的商行為とは、商人がその営業のためにすることによって商行為となるものをいいます。

　商人の営業に附属する、商人の営業を補助するので、附属的商行為といいます。

　次の例で考えてみましょう。

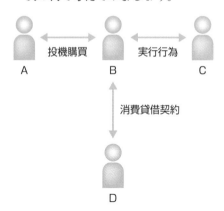

投機購買　　実行行為
A　　　　B　　　　C

消費貸借契約

D

　ＡＢＣ間の取引は501条１号の投機購買とその実行行為ですから、ＡＢＣ間の取引には商法が適用されることになります。

　この場合に、ＢがＡから仕入れるに当たって資金が不足したためＤからお金を借りたとします。Ｄが銀行でない場合ＢＤ間の取引は基本的商行為に当

たらないため、民法が適用されることになりそうです。

　しかし、ＡＢＣ間の絶対的商行為には商法が適用され、そのためになされたＢＤ間の消費貸借契約には民法が適用されるのでは、バランスを失します。

　そこで、投機購買を行うことによって商人となったＢが、その営業のために行った行為も附属的商行為として商法を適用するのです。

　したがって、ＢＤ間の消費貸借契約にも商法が適用されます。

商人法主義

　この附属的商行為は、商人が行った行為を商行為としたものです。

　まず商人概念ありきという商人法主義です。まず商人（固有の商人と擬制商人）がいて、その商人が行った行為を商行為としています。

折衷主義

　以上から、わが商法は、原則としては商行為法主義を採り、そこに商人法主義を加味していることになります。

　したがって、折衷主義です。

ポイント

附属的商行為（503条）
⇒商人がその営業のためにすることによって商行為となるもの
ex.営業資金の借入れ
折衷主義
商法の考え方
原則、商行為法主義
＋
商人法主義

 ミニテスト

1 商法は、まず501条・502条で17個の基本的商行為の概念を定めて、4条1項でこの商行為を営業として行う者を固有の商人とするという商行為法主義を原則としている。

2 商法は、4条2項で商行為の概念を前提としない商人である擬制商人を認めており、また、503条で商人概念から導き出される商行為である附属的商行為を定めるという商人法主義を加味している。

3 商法は、商人法主義を原則として商行為法主義を加味する折衷主義を採用している。

4 商法は、商行為法主義を原則として商人法主義を加味する折衷主義を採用している。

5 営業としてするときに商行為となるものを、営業的商行為という。

6 商人がその営業のためにすることによって商行為となるものを、営業的商行為という。

7 商人がその営業のためにすることによって商行為となるものを、附属的商行為という。

解答 1 ○

2 ○

3 × 原則は、商行為法主義です。

4 ○

5 ○

6 × 附属的商行為といいます。営業としてする行為（＝営業それ自体）と、営業のためにする行為（＝営業を補助する行為）を区別しましょう。

7 ○

083 商業登記

登記所で行います

Q 登記はどのように行うの？
A 申請するんだよ。

意　義

　商業登記とは、商業登記簿に行う登記をいいます。

　商人に関する取引上重要な一定の事項を公示する（公にして示す）ことによって取引の相手方を保護するとともに、商人自身の社会的信用を維持するために設けられました。

　登記手続は、原則として、当事者の申請によって行われます。これを当事者申請主義といいます。申請がなされると登記官は申請事項を審査し、問題がなければ登記が認められます。ただし、登記官には形式的審査権、つまり申請書類に不備がないかを確かめる権限しかないため、登記事項と真実が異なることもあり得ます。

　商業登記では、登記の効力が重要です。

　登記の効力には、通常の効力である一般的効力と、事実でない場合の不実登記の効力があります。そして、一般的効力には、登記前の効力である消極的公示力と登記後の効力である積極的公示力があります。

　なお、会社についても、会社法に同様の規定が置かれています。

```
┌ 一般的効力                 ┌ 消極的公示力
│ （会社法908条1項・商法9条1項）│ （前段）
┤                          ┤
│                          └ 積極的公示力
│                            （後段）
└ 不実登記の効力
  （会社法908条2項・商法9条2項）
```

消極的公示力

　通常の効力である一般的効力のうちの、消極的公示力から説明します。

　登記すべき事実が発生しているにもかかわらず未登記の場合、登記申請者は善意の第三者に対して、登記事項の存在を対抗することができません。登記前のこの効力を消極的公示力といいます。

　次の会社の例で考えてみましょう。

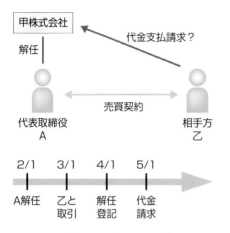

2/1 3/1 4/1 5/1

A解任 乙と 解任 代金
　　 取引 登記 請求

　代表取締役の氏名は登記事項なの
で、Aを代表取締役から解任した場合
は、解任登記を行わなければなりませ
ん。したがって、Aは代表取締役から

解任された、という事実が登記事項と
なります。
　5月1日に乙が甲株式会社に代金請
求してきた場合、甲株式会社は善意の
乙に対しては、「Aは代表取締役から
解任されていたのだから、A乙間の取
引は甲株式会社には帰属していない。
したがって、甲株式会社は代金を支払
う必要はない」という主張はできませ
ん。結局、乙は甲株式会社に対して代
金支払請求ができることになります。
　逆に、乙が悪意の場合には、上記の
主張ができますので、乙は甲株式会社
に対して代金支払請求ができないこと
になります。

ポイント

登記の一般的効力
　消極的公示力
　　⇒登記すべき事実が発生しているにもかかわらず未登記の場合、登記申請者は
　　　善意の第三者に対して、登記事項の存在を対抗することができない（9条1
　　　項前段）

ミニテスト

1　商業登記によって、取引の相手方が保護され、商人自身の社会的信用も維持され
　る。
2　登記手続は、原則として、当事者の申請によって行われる。
3　登記の効力には、一般的効力と不実登記の効力があり、一般的効力には、消極的公
　示力と積極的公示力がある。
4　登記すべき事実が発生しているにもかかわらず未登記の場合であっても、登記申請
　者は、善意の第三者に対して、登記事項の存在を対抗することができる。

解答　1　○
　　　2　○
　　　3　○
　　　4　×　対抗できません。

084 商業登記の効力

積極的公示力が大切です

Q 「正当の事由」は、病気・出張などのこと？
A 違うよ。

消極的公示力

善意の第三者に対抗できないという、前述した登記前の効力です。

積極的公示力

登記申請者が登記すべき事項を登記した後に利害関係をもった第三者は、悪意とみなされます。したがって、登記した後は、第三者にも対抗できます。ただし、登記簿を閲覧することができない正当な事由が存在する場合は、悪意とみなされず、対抗できません。登記後のこの効力を積極的公示力といいます。前述の具体例の時系列を修正して考えてみましょう。

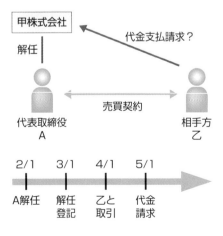

5月1日に乙が代金請求してきた場合、乙は悪意とみなされます。したがって、「Aは代表取締役から解任されていたのだから、A乙間の取引は甲株式会社には帰属していない。甲株式会社は代金を支払う必要はない」という甲株式会社の主張が認められることになり、乙の代金支払請求は認められないことになります。

ただし、乙に正当な事由があるときは、悪意とはみなされません。正当な事由とは、風水害・洪水・地震等の天災などによる交通途絶で登記を知ろうとしても知ることができないような客観的な事情をいいます。病気・旅行・出張等の主観的（＝個人的という意味）事情は含まれないことに注意が必要です。

一般的効力

	善意の第三者に対して	悪意の第三者に対して
消極的公示力（登記前）	対抗できない	対抗できる
積極的公示力（登記後）	対抗できる（ただし、正当事由の場合は対抗できない）	対抗できる

不実登記の効力

　登記申請者が故意または過失によって虚偽の登記を行った場合、登記申請者は、その登記事項が不実であることを、善意の第三者に対抗することはできません。ウソの登記なので、不実登記の効力といいます。権利外観法理に基づく規定です。

　次の例で考えてみましょう。

　乙が甲株式会社に対して代金請求をしてきた場合、甲株式会社は善意の乙に対して、「Aが代表取締役という登記は不実であってAは代表取締役ではないので、A乙間の契約は甲株式会社に帰属していない。したがって、甲株式会社は代金を支払う必要はない」という主張はできません。結局、乙は甲株式会社に対して代金支払請求ができることになります。

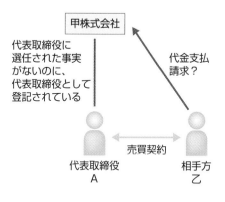

甲株式会社

代表取締役に
選任された事実
がないのに、
代表取締役として
登記されている

代金支払
請求？

売買契約

代表取締役
A

相手方
乙

ポイント

積極的公示力
⇒登記申請者が登記すべき事項を登記した後は第三者にも対抗できるが、第三者に正当な事由がある場合は対抗できない（9条1項後段）

不実登記の効力
⇒登記申請者が故意・過失によって虚偽の登記を行った場合、登記申請者は、その登記事項が不実であることを、善意の第三者に対抗できない（9条2項）

ミニテスト

1　登記申請者が登記すべき事項を登記した後に利害関係をもった第三者は、悪意とみなされるので、登記した後は、第三者にも対抗できる。
2　第三者の「正当な事由」の具体例には、病気・旅行・出張等の主観的事情も含まれる。
3　登記申請者が故意または過失によって虚偽の登記を行った場合は、その登記事項が不実であることを、善意の第三者に対抗できない。

解答　1　○
　　　　2　×　主観的事情ではなく、客観的事情です。
　　　　3　○

085 商号

商人の名前です

> **Q** 商号って何のこと？
> **A** 会社名や店名だよ。

意　義

商号とは、商人が営業上自己を表すために用いる名称をいいます。自然人の氏名に当たります。具体的には、会社名や店名です。例えば、○○株式会社、○○商店などです。

商号は名称ですから、自然人の氏名同様、文字で表示できるもので、発音できるものでなければなりません。したがって、図形・紋様・記号は、商号にはなりません。

選定の方法

商法は、商号の選定について営業と商号が合っていなくてもよいとする商号自由主義という考えを採っています。すなわち、原則として自由に商号を選べるとする考えです。極端な例だと、佐藤さんが本屋を営む場合に、「鈴木果物店」という商号を選定してもかまわないのです。

ただし、商号自由主義を貫くと、商人と取引をする一般人が不測の損害を被るおそれがあります。そこで、会社法・商法は次のような制限を設けています。

①会社商号の制限

会社の場合には、その種類を偽ってはなりません。社員の責任形態が異なるからです。

②会社商号の不当使用の制限

会社でないのに会社であることを示すような文字を使用してはなりません。責任形態が異なるからです。例えば、「合名商会」などはＮＧです。

③営業主体を誤認させる商号使用の禁止

不正の目的をもって、他の会社や商人であると誤認されるおそれのある名称または商号を使用してはなりません。誤認した一般人が、営業主体を混同してしまうからです。例えば、セブンイレブンジャパン株式会社などはＮＧです。後述します。

④商号単一の原則

会社は1つの商号しか使用できません。会社の商号は自然人の氏名同様、全人格を表すものだからです。

これに対し、個人商人は1つの営業について1個の商号を使用できます。つまり、2つ営業していれば、2つ使用できるということです。

商 号 権

　商号権とは、商人がその商号について有する権利をいいます。

　その法的性質について、まず、商号は自然人の氏名と同様、商人が営業上自己を表すために用いるものですから、人格権としての性質を有します。また、商号は、多年使用することによって営業の信用の標的となるので、財産権としての性質も有します。

　このように商号は人格権的財産権として重要な性質を有するので、法は商号を使用する者に商号使用権と商号専用権を与え、商号権を保護しています。商号使用権とは、他人から妨害されることなく商号を使用する権利です。商号専用権とは、他人から妨害された場合に妨害を排斥する権利です。

　商号専用権が具体化されたものが、営業主体を誤認させる商号使用の禁止の規定です。これに違反する商号の使用によって、営業上の利益を侵害されたり、侵害されるおそれがある商人は、その営業上の利益を侵害する者や侵害するおそれがある者に対し、侵害の停止などを請求することができます。

第3編　商法

ポイント

商号自由主義の制限
1. 会社商号の制限
2. 会社商号の不当使用の制限
3. 営業主体を誤認させる商号使用の禁止
4. 商号単一の原則

 ミニテスト

1　商法は、商号の選定について営業と商号が合っていなくてもよいとする商号自由主義を採っている。

2　不正の目的をもって、他の会社や商人であると誤認されるおそれのある名称・商号を使用してはならない。

3　個人商人は、常に1つの商号しか使用できない。

4　商号権には、他人から妨害された場合に妨害を排斥する権利である商号使用権と、他人から妨害されることなく商号を使用する権利である商号専用権がある。

解答　1　○
　　　　2　○
　　　　3　×　1営業につき1商号の使用ができます。
　　　　4　×　商号使用権と商号専用権が逆です。

086 名板貸人の責任

いわゆる名義貸しです

Q 名板って何のこと？

A 会社・商店の名義だよ。

趣 旨

名板（ないた）貸しとは、いわゆる名義貸しのことです。他人に対し自己の商号を貸与した者は、責任を負う場合があります。

自己の商号を使用して営業・事業を行うことを他人に許諾した商人・会社は、その商人等がその営業等を行うものと誤認して当該他人と取引をした者に対し、連帯して、取引によって生じた債務を弁済する責任を負います。

次の例で考えましょう。

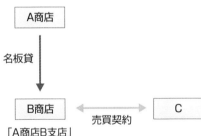

「A商店B支店」

（目的物が粗悪品だった等で、Cに損害発生）

通常、契約によって発生した損害の賠償は契約の相手方にしか追及できないため、CはBに対してしか損害賠償請求ができないことになります。そうすると、Bに十分な資力がない場合はCに酷な結果となります。そこで、A

がBに対し名板貸しを行ったことによってCが営業主をAと誤認していた場合には、CはBだけでなくAにも損害賠償請求を行えることにして、Cを保護しようとしたのです。これを名板貸人の責任といいます。

要 件

権利外観法理に基づく規定なので、①外観の存在、②帰責性、③外観の信頼という3つの要件を具備しなければなりません。

①外観の存在

営業のために名板貸人の商号を使用していることです。例でいうと「A商店」に当たります。「A商店B支店」などの、若干の付加語を加えてもかまいません。

なお、名板貸人と名板借人の営業は、原則として同種のものでなければなりません。異種であれば、名板貸人の営業であるという外観自体がないからです。

②帰責性

名板貸人が名板借人に商号の使用を許諾したことです。

明示の許諾はもちろんですが、黙示の許諾でも足ります。名板借人が名板貸人の商号を使用していることを知りながらこれを放置していた場合でも、名板貸人には帰責性があるからです。

また、名板貸人がいったん商号使用を許諾した後これを撤回したとしても、単に撤回を名板借人に通知しただけでは足りず、許諾と同等以上の方法が要求されます。

③**外観の信頼**

相手方は、善意かつ無重過失でなければなりません。つまり、営業主は名板借人であるという事実を知らず、かつ、知らないことに著しい不注意があってはならないのです。無過失までは要求されませんが、重過失は悪意と同視できるからです。

効　果

連帯責任なので、相手方に発生した損害について、名板貸人と名板借人が共に責任を負うことになります。

そして、名板貸人が名板借人と共に責任を負わなければならないのは、当該取引によって生じた債務です。取引は契約ですから、契約によって生じた債務について、名板貸人が名板借人と共に責任を負わなければならないのです。

ポイント

名板貸人の責任（14条）

趣旨	権利外観法理
要件	❶外観の存在
	❷帰責性
	❸外観の信頼
効果	連帯責任

ミニテスト

1　名板貸人と名板借人の営業は、原則として、同種のものでなければならない。
2　商号使用の許諾とは、明示の許諾を意味し、黙示の許諾では足りない。
3　相手方は、善意かつ無過失でなければならない。

解答　1　○
　　　　2　× 黙示の許諾でも足ります。
　　　　3　× 善意かつ「無重過失」です。

087 営業譲渡

会社法では、事業譲渡といいます

Q 競業避止義務の範囲は？

A 隣の市内で20年だよ。

意　義

会社法では、事業譲渡という名称で扱ったテーマです。

A　　　　　　　　　　　B
（譲渡人）　　譲渡　　（譲受人）

営業財産

営業譲渡とは、一定の営業目的のために組織化された有機的一体をなす機能的財産の譲渡であって、譲受人Bが営業活動を承継し、譲渡人Aが競業避止義務を負担する契約をいいます（判例）。

ここでいう営業財産には、土地・建物などの不動産、自動車・工業機械類などの動産のような目に見えるものだけでなく、債権・債務、無体財産権（営業権や特許権など）や、老舗（しにせ）・暖簾（のれん）といった事実関係も含まれます。

このように不明確な概念も含む機能的財産を一括譲渡することが営業譲渡であるため、営業譲渡の概念も不明確になりがちです。そこで判例は、譲受人の営業活動の承継と譲渡人の競業避止義務の負担という要件を課して、概念を明確にしようとしているのです。

営業譲渡が認められているのは、個々の財産を個別に譲渡するより高い価値を維持することができ、社会的損失を回避できること、および、企業結合・企業分割の方法となり得るからです。

効　果

譲渡人は、営業譲渡を行ったことによって、次の義務を負います。

①競業避止義務

譲渡人は、同一の市区町村の区域内および隣接する市区町村の区域内において、20年間は、同一の営業を行えません。この競業避止義務は、特約がない限り当然に負います。譲受人が譲り受けた営業を、譲渡人が妨害すべきでないからです。

ただし、20年間という内容は、30年間まで加重することができます。

②財産移転義務

譲渡人は、財産を移転する義務を負いますが、営業自体を一体として移転させることはできません。営業を構成する各個の財産について格別に移転

し、対抗要件を具備しなければなりません。例えば、不動産の場合には登記をするなどです。

そして、営業上の債務については、**債務引受け**などの手続を要します。借金を肩代わりするようなケースを債務引受けといいます。債務引受けには債権者の承諾等が必要です。Aの債務をBが引き受ける場合には、債権者甲の承諾等を要するということです。勝手に債務者が変わったら甲に酷だからです。

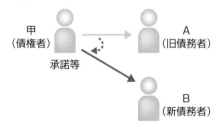

甲（債権者） → A（旧債務者）

承諾等 → B（新債務者）

ポイント

営業譲渡
　一定の営業目的のために組織化された有機的一体をなす機能的財産の譲渡であって、譲受人Bが営業活動を承継し、譲渡人Aが競業避止義務を負担する契約
　❶競業避止義務（16条）
　　　原則⇒隣接市町村内で20年間
　　　加重⇒30年間
　❷財産移転義務

　ミニテスト

1　営業財産には、土地・建物などの不動産、自動車・工業機械類などの動産のような目に見えるものだけでなく、債権・債務、無体財産権や、老舗・暖簾といった事実関係も含まれる。
2　譲渡人は、同一の都道府県の区域内および隣接する都道府県の区域内において、20年間は、同一の営業を行えない。
3　譲渡人は、原則として、同一の市区町村の区域内および隣接する市区町村の区域内において、30年間は、同一の営業を行えない。
4　営業上の債務については、債務引受けの手続を要するが、債務引受けには債権者の承諾等が必要とされる。

解答　1　○
　　　　2　×　都道府県ではなく、市区町村です。
　　　　3　×　原則、20年間です。
　　　　4　○

088 営業譲渡と第三者

第三者（債権者・債務者）に対する関係です

Q 債務者が、間違えて弁済したらどうなるの？

A 有効になる場合もあるよ。

営業上の債権者に対する関係

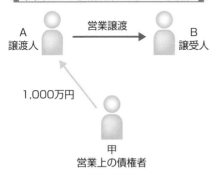

営業上の債権者

AがA商店という営業を行うに当たって甲が1,000万円融資をしていたとします。この状態でAがBに営業譲渡をすると、営業上の債務もBに移転するのが通常です。

しかし、AB間の特約によって債務だけは移転させない場合もあります。そのような特約がなされた場合、外形的にはBが債務者に見えますが真実はAが債務者ということになります。それによって、甲が請求先を誤る危険性があります。しかも、甲は、Aが債務を弁済できない場合に執行の対象として期待していた営業財産がBに移転しているため、執行が効を奏さず不利益を被るおそれがあります。

そこで、一定の要件を具備した場合

には、甲はAだけでなくBにも債務の弁済を請求できることにしました。

第1に、譲受人BがAの商号を引き続き使用する場合です。BがA商店という商号を続用する場合には、原則として、Bも債務を弁済する責任を負います。

第2に、譲受人BがAの営業上の債務を引き受ける広告をした場合です。商号を続用しない場合でも、Bが新聞などに債務引受け広告を出した場合には、Bも債務を弁済する責任を負います。

営業上の債務者に対する関係

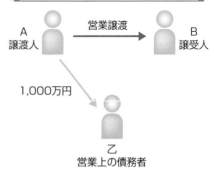

営業上の債務者

Aの営むA商店から材料を仕入れていた乙に、仕入れの債務が1,000万円あったとします。この状態でAがBに

営業譲渡をすると、営業上の債権もBに移転するのが通常です。

しかし、AB間の特約によって債権だけは移転させない場合もあります。そのような特約がなされた場合、外形的にはBが債権者に見えますが真実はAが債権者ということになります。それによって、乙が弁済先を誤る危険性があります。債務者は原則として債権者に弁済しない限り債務を免れることはできないので、乙にとって不利益です。

そこで、一定の要件を具備した場合は、Bに対する弁済も有効になるようにしました。譲受人Bが商号を引き続き使用する場合で、かつ、債務者乙が善意・無重過失の場合です。

なお、譲受人Bが商号を続用しない場合については明文がありません。乙が誤払いする危険が少ないからです。この場合に、もしBに弁済しても無効になります。

ポイント

営業譲渡と第三者
　営業上の債権者に対する関係
　　商号続用⇒原則、譲受人も弁済責任を負う（17条1項）
　　商号続用なし⇒債務引受け広告をしたときは、譲受人も弁済責任を負う（18条1項）
　営業上の債務者に対する関係
　　商号続用⇒債務者が善意・無重過失のときは、譲受人への弁済も有効（17条4項）
　　商号続用なし⇒規定なし

ミニテスト

1　譲受人が譲渡人の商号を引き続き使用する場合には、原則として、譲受人も債務を弁済する責任を負う。

2　譲受人が譲渡人の営業上の債務を引き受ける広告をした場合には、譲受人も債務を弁済する責任を負う。

3　譲受人が商号を引き続き使用する場合で、かつ、債務者が善意・無重過失の場合には、譲受人に対する弁済も有効になる。

解答　1　○
　　　　　2　○
　　　　　3　○

089 企業補助者

従業員などです

Q 商業使用人って誰？
A 部課長さんなどだよ。

意　義

　企業を補助する企業補助者は、ま
ず、商人に従属する商業使用人と独立
した商人の2つに分かれます。

　そして、商業使用人は、その有する
代理権の範囲の広狭によって、最も広
い支配人から最も狭い物品販売店舗の
使用人まで、3分されます。

　また、独立した商人は、特定の商人
を補助する代理商と、不特定多数の商
人を補助する取次商などに分かれます
（後述）。

```
           ┌ 支配人
  商業使用人 ┤ ある種類・特定の事項の
           │ 委任を受けた使用人
           └ 物品販売店舗の使用人

           ┌ 代理商
  独立の商人 ┤ 仲立人
           └ 取次商
```

支　配　人

　支配人は、商人に代わってその営業
に関する一切の裁判上または裁判外の
行為をする権限を有する商業使用人で
す。最も広い代理権が与えられている

商業使用人です。

　名称のいかんを問いません。商人か
ら包括的な代理権＝支配権が与えられ
ているかどうかが問題で、与えられて
いなければ、支配人・支店長という肩
書きがあっても、商法上の支配人では
ないのです。

　支配人の支配権には、次の性質があ
ります。

①包括性・不可制限性

　支配人は、包括的・不可制限的な代
理権を有します。

　包括的とは、商人に代わってその営
業に関する一切の裁判上または裁判外
の行為をする権限を有することです。
裁判上の行為は訴訟行為、裁判外の行
為は取引行為です。

　不可制限的とは、包括的権限を内部
で制限しても、その制限の存在につい
て善意の第三者には対抗できないとい
うことです。例えば、借入できる金額
の制限をしても、制限を知らない相手
方には主張できないのです。

②特定の営業・営業所単位

　支配人の代理権は、商号によって個
別化された特定の営業および特定の営

業所を単位として認められるものです。

　この点が、会社の事業全般に権限が及ぶ代表取締役の代表権との違いです。注意してください。

ある種類または特定の事項の委任を受けた使用人

　具体的には、部長・課長・係長のことです。

　自己に権限が与えられた特定の事項について、一切の裁判外の行為をする権限があります。この代理権に加えた

制限は、善意の第三者に対抗できません。

物品販売店舗の使用人

　販売店の店員さんです。最も狭い代理権が与えられている商業使用人です。

　自分が使用人として勤務する物品販売店舗の商品について、相手方が悪意のときを除き、その商品を販売する権限があるとみなされます。当然の規定です。

ポイント

商業使用人
　支配人
　　⇒商人に代わってその営業に関する一切の裁判上または裁判外の行為をする権限を有する（21条）
　ある種類または特定の事項の委任を受けた使用人
　　⇒自己に権限が与えられた特定の事項について、一切の裁判外の行為をする権限を有する（25条）
　物品販売店舗の使用人
　　⇒物品販売店舗の商品について、その商品を販売する権限を有する（26条）

ミニテスト

1　支配人は、商人に代わってその営業に関する一切の裁判外の行為をすることができるが、裁判上の行為はできない。
2　支配人の包括的権限を内部で制限した場合には、その制限の存在について善意の第三者にも対抗することができる。
3　ある種類・特定の事項の委任を受けた使用人は、自己に権限が与えられた特定の事項について、一切の裁判外の行為をする権限を有する。

解答　1　× 裁判上の行為もできます。
　　　　2　× 善意の第三者には対抗できません。
　　　　3　○

090 支配人

支店などのトップです

> **Q** どんな義務を負うの？
> **A** 競業避止義務が大事だよ。

意　義

支配人は、商人に代わってその営業に関する一切の裁判上・裁判外の行為をする権限を有する商業使用人です。支配人の代理権を支配権といい、包括的・不可制限的な性質です。

選任・終任・登記

①選任

支配人の選任は、商人またはその代理人が行います。

株式会社の場合は事業主は会社なので、取締役会設置会社では取締役会で意思決定をし、代表取締役が選任行為を行います。取締役会非設置会社では、取締役が選任します。支配人は、監査役設置会社の監査役、監査等委員会設置会社の監査等委員、委員会等設置会社の取締役・監査委員を兼任できません。

なお、支配人は自然人でなければなりません。

②終任

支配人は商業使用人で、商人とは雇用契約を締結しているので、雇用契約が終了すれば終任します。また、雇用契約が存続していても支配人に与えられた代理権が消滅すれば終任します。その他、営業の廃止や会社の解散、営業譲渡も終任原因となります。

③登記

支配人の選任・終任は登記をしなければなりません。

支配人の義務

支配人は、商人の許可を受けなければ、自己または第三者のためにその商人の営業の部類に属する取引をすることができない（競業避止義務）だけでなく、自ら営業を行ったり、他の商人または会社の使用人となることなどができません（営業避止義務）。競業避止義務のみを負う株式会社の取締役とは違います。注意してください。

取締役と会社との関係は委任契約で、委任契約は自由裁量を伴うものなので、取締役の行動の自由はできる限り制限すべきではありません。これに対し、支配人と営業主との関係は雇用契約で、被用者には自由裁量はなく、むしろ商人の利益のために専心勤務させるべきです。そこで、支配人は営業

避止義務をも負うのです。

表見支配人

表見支配人は、株式会社における表見代表取締役の制度と同様です。

支配人でない者に支配人であるかのような名称を付与した場合に、権利外観法理に基づいて、一切の裁判外の行為をする権限を有するものとみなすのです。

次の3要件が必要です。

①外観の存在

本店または支店の営業の主任者であることを示す名称が存在することです。例えば、「支店長」「所長」「マネージャー」「支社長」などです。

②帰責性

本店または支店の営業の主任者であることを示す名称の存在について、商人に責任があることです。

③外観の信頼

相手方は善意かつ無重過失でなければなりません。

ポイント

支配人の義務（23条）
　　競業避止義務
　　　　＋
　　営業避止義務➡自ら営業を行ったり、他の商人・会社の使用人となることもできない

表見支配人（24条）
　　権利外観法理
　　　⇓　要件
　　❶外観の存在
　　❷帰責性
　　❸外観の信頼

ミニテスト

1　支配人の選任と終任は、登記をしなければならない。

2　支配人は、商人の許可を受けなければ、自己または第三者のためにその商人の営業の部類に属する取引をすることができないだけでなく、自ら営業を行ったり、他の商人または会社の使用人となることもできない。

3　支配人でない者に支配人であるかのような名称を付与した場合には、原則として、一切の裁判上および裁判外の行為をする権限を有するものとみなされる。

解答　1　○

　　　　2　○

　　　　3　×　裁判外の行為だけで、裁判上の行為は含まれません。

091 代理商

損害保険会社の代理店が典型例です

> **Q** 代理商の種類は？
> **A** ２種類だよ。

意　義

　代理商とは、使用人以外で、一定の商人のために平常その営業の部類に属する取引の代理または媒介をする者です。

　損害保険会社の代理店が典型例です。

　支配人等の商業使用人は自然人でなければなりませんが、代理商は法人でもかまいません。

　代理商には、契約を締結する締約（ていやく）代理商と媒介を行う媒介（ばいかい）代理商の２種類があります。

①締約代理商

　締約代理商は、一定の商人である本人を代理して契約を締結する代理商です。代理商自身が法律行為を行い、その法律効果は本人と相手方に帰属します。

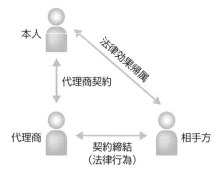

②媒介代理商

　媒介代理商は、一定の商人である本人に契約締結の相手方を媒介・斡旋する代理商です。代理商自身は事実行為を行うのみで、法律行為は本人が行います。

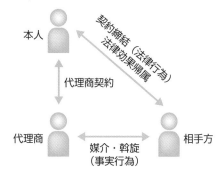

義務と権利

　代理商は、商人の許可を受けなければ、自己または第三者のためにその商人の営業の部類に属する取引をしたり、または、同種の事業を行う会社の取締役・執行役・業務執行社員となることはできません（競業避止義務）。

　代理商は、取引の代理・媒介をしたことによって生じた債権の弁済期が到来しているときは、弁済を受けるまでは、商人のために当該代理商が占有し

ている物を留置（りゅうち）すること
ができます（留置権）。

するので、本人の営業が終了すること
により終了します。

また、代理商契約が終了したときも
終了します。

■ 代理商関係の終了 ■

代理商関係は、本人の営業を前提と

ポイント

代理商（27条）
　使用人以外で、一定の商人のために平常その営業の部類に属する取引の代理または媒介をする者
❶締約代理商
　一定の商人である本人を代理して契約を締結する代理商
❷媒介代理商
　一定の商人である本人に契約締結の相手方を媒介・斡旋する代理商

ミニテスト

1　代理商とは、使用人以外で、一定の商人のために平常その営業の部類に属する取引の代理または媒介をする者である。
2　代理商には、契約を締結する締約代理商と媒介を行う媒介代理商の２種類がある。
3　代理商は、商人の許可を受けなければ、自己・第三者のためにその商人の営業の部類に属する取引をすることはできないが、同種の事業を行う会社の取締役・執行役となることはできる。
4　代理商は、取引の代理・媒介をしたことによって生じた債権の弁済期が到来しているときは、弁済を受けるまでは、商人のために当該代理商が占有している物を留置することができる。
5　代理商関係は、代理商契約が終了したときは終了するが、本人の営業が終了することによって終了しない。

解答　1　○
　　　　2　○
　　　　3　× 同種の事業を行う会社の取締役・執行役にもなれません。
　　　　4　○
　　　　5　× 本人の営業が終了することで終了します。

092 取次商

問屋は、「といや」と読みます

Q 問屋って卸売商のこと？
A 全く違うよ。

意　義

　取次商とは、自己の名をもって他人のために一定の法律行為をなすことを業とする者をいいます。

　取次ぎの目的が何であるかによって、問屋、準問屋、運送取扱人の3つに分かれます。問屋の規定が、準問屋と運送取扱人に準用されるので、問屋が最も重要です。

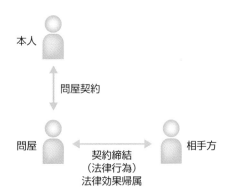

問　屋

①意義

　問屋とは、自己の名をもって他人のために物品の販売または買入れをすることを業とする者をいいます。証券会社が典型例です。

　なお、いわゆる問屋（とんや）と呼ばれるのは、卸売商のことですから、商法上の問屋（といや）とは異なります。

　問屋のような取次商は、他人の計算においてではあっても、自己の名で契約を行います。したがって、法律効果は本人ではなく取次商と相手方間に帰属します。

②義務と権利

　問屋は、委託者に対する通知義務、相手方が不履行の場合の担保責任などの義務を負います。

　また、自ら買主・売主になれる介入権、供託権、代理商と同様の留置権などの権利を有します。

準 問 屋

　準問屋とは、自己の名をもって他人のために物品の販売または買入れ以外の行為をなすことを業とする者をいいます。

　例えば、広告を取り次ぐ広告代理店、旅行を取り次ぐ旅行会社などがその例です。

　準問屋には、問屋の規定が準用され

ます。

物品運送の取次ぎをすることを業とする者をいいます。

問屋の規定が準用されるほか、一部、特則も規定されています。

運送取扱人

運送取扱人とは、自己の名をもって

 **ポイント**

取次商
自己の名をもって他人のために一定の法律行為をすることを業とする者
❶問屋（551条）
　自己の名をもって他人のために物品の販売・買入れをすることを業とする者
❷準問屋（558条）
　自己の名をもって他人のために物品の販売・買入れ以外の行為をすることを業
　とする者
❸運送取扱人（559条）
　自己の名をもって物品運送の取次ぎをすることを業とする者

 ミニテスト

1　取次商とは、自己の名をもって他人のために一定の法律行為をすることを業とする者をいい、取次ぎの目的が何であるかによって、問屋、準問屋、運送取扱人の３つに分かれる。

2　問屋とは、自己の名をもって他人のために物品の販売・買入れ以外の行為をすることを業とする者をいう。

3　問屋は、委託者に対する通知義務、相手方が不履行の場合の担保責任を負い、また、自ら買主・売主になれる介入権、供託権を有する。

4　準問屋とは、自己の名をもって他人のために物品の販売または買入れをすることを業とする者をいう。

5　取次商のうちの運送取扱人とは、自己の名をもって物品運送の取次ぎをすることを業とする者をいう。

解答　1　○
　　　　2　× 物品の販売・買入れをすることを業とする者です。
　　　　3　○
　　　　4　× 物品の販売・買入れ以外の行為をすることを業とする者です。
　　　　5　○

093 商行為の代理

民法との違いに注意です！

Q 顕名は必要なの？
A 不要だよ。

代 理

代理とは、代理人が相手方に対して意思表示をすることによってその法律効果を直接本人に帰属させるという制度です。

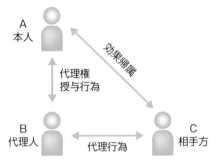

例えば、Aが不動産を売りたいのですが、自分は不動産業務に詳しくないので友人Bに頼んで自分の代わりに買主を見つけて契約してもらうという場合です。社会取引関係が複雑になり、その規模や範囲が拡大、発展してくると専門的知識、技術を有する者の助力、協力が必要となります。そこで、本人の代わりに他人に仕事をさせて、その結果を本人が享受する制度として、代理制度が必要となるのです。

代理行為の方式

①民法

民法では、代理人が代理行為として相手方に意思表示をするには、本人のためにすることを示さなければなりません。この「本人のためにすることを示すこと」を顕名（けんめい）といいます。顕名することによって直接本人に対して意思表示の効果が生じるのです。顕名主義です。前記の例で、BがCに不動産を売る場合、自分は代理人です、ということを示します。本人の名を顕すので、顕名といいます。具体的には、契約書などに「A代理人B」と書きます。

これに対して、非顕名、つまりBが顕名しなかった場合は、Cは、自分の相手がBだと思います。そこで、代理人が本人のためにすることを示さないでした意思表示は、B自身のためにしたものとみなされるのが原則です。

②商法

しかし、迅速性の要求される商行為においていちいち顕名を行うのは煩雑です。また、相手方も代理人であることを知っているのが普通です。使用人

が営業主のために取引するケースが典型例だからです。

そこで、商法は民法とは逆の考え方を採っています。すなわち、非顕名主義を原則としているのです。代理人が本人のためにすることを示さない場合であっても、その行為は本人に効力が生じます。

さらに、商法は、代理人が顕名しなかった場合に、相手方が、代理人が本人のためにすることを知らなかったときは、代理人に対して履行の請求をす

ることを妨げないとする規定も置いています。

代理権の消滅

民法では、代理権は、本人の死亡によって消滅します。しかし、商取引を円滑に処理するには、相続人に営業を続けさせる必要があります。そこで、商法は民法とは逆に、使用人の選任などによる商行為の委任による代理権は、本人の死亡によっては、消滅しません。

ポイント

代理

	民　法	商　法
代理行為の方式（顕名の要否）	代理人は本人のためにすることを示さなければならない（顕名主義）	代理人が本人のためにすることを示さない場合でも、本人に効力を生じる（非顕名主義、504条本文）
代理権の消滅	代理権は、本人の死亡によって消滅する	商行為の委任による代理権は、本人の死亡によっては消滅しない（506条）

ミニテスト

1　代理行為の方式について、商法は、民法とは異なり非顕名主義を採っているから、代理人が本人のためにすることを示さない場合であっても、その行為は本人に効力が生じる。
2　代理権の消滅について、商法は、民法と同様であるから、代理権は、本人の死亡によって消滅する。

解答　1　○
　　　　2　×　消滅しません。

094 商事契約の成立

民法との違いに注意です！

Q 諾否の通知は必ずしなければならないの？

A 場合によってだよ。

契　約

契約とは、当事者の相対立する意思表示が合致することによって成立する法律行為をいいます。契約により当事者間に債権・債務が発生することになります。

売買を例にとれば、売主Aの「買いませんか」という申込みに対する買主Bの「買います」という承諾という、相対立する意思の合致で売買契約が成立します。

なお、申込みが即時に到達する場合を対話者間、そうでない場合を隔地者間といいます。隔地者間の具体例は、AがBへ手紙を出すような場合です。

隔地者間の契約申込み

民法では、承諾の期間を定めないでした申込みは、申込者が承諾の通知を受けるのに相当な期間を経過するまでは、撤回することができないとされています。つまり、相当な期間が経過しても、撤回できるようになるだけで、申込みが当然に失効するわけではありません。

しかし、これでは商取引における簡易迅速な法律関係の処理に反します。

そこで、商法では、承諾期間を定めないで契約の申込みを受けた商人が、相当の期間内に承諾の通知を発しなかったときは、その申込みは効力を失うとしています。

諾否通知義務

民法では、契約の申込みを受けても、諾否を通知する義務はありません。

しかし、これでは商取引における簡易迅速な法律関係の処理に反します。

そこで、商法では、商人が平常取引をする者からその営業の部類に属する契約の申込みを受けた場合は、遅滞なく諾否の通知を発しなければならず、通知の発送を怠った場合は承諾したものとみなされます。

受領物品保管義務

民法では、申込みと同時に送付されてきた物品を保管する義務はありません。

しかし、これでは物品の安全保護と商人の信用保持に欠けます。

そこで、商法では、商人がその営業の部類に属する契約の申込みを受けた場合に、申込みとともに受け取った物品があるときは、申込みを拒絶したときでも、申込者の費用で物品を保管する義務を負います。ただし、その物品の価額が保管費用を償うのに足りない場合、または保管によって損害を受ける場合には保管義務はありません。

ポイント

	民　法	商　法
隔地者間の契約申込み	承諾の期間の定めのない申込みは、相当期間が経過するまでは、撤回できない。	承諾期間の定めのない申込みは、相当期間内に承諾の通知を発しなかったときは、効力を失う（508条）
諾否通知義務	契約の申込みを受けても、諾否を通知する義務はない	商人が平常取引をする者からその営業の部類に属する契約の申込みを受けたときは、遅滞なく諾否を通知しなければならない（509条）
受領物品保管義務	申込みと同時に送付されてきた物品を保管する義務はない	申込みと同時に送付されてきた物品は、申込者の費用で保管する義務を負う（510条）

ミニテスト

1　契約において、申込みが即時に到達する場合を対話者間、そうでない場合を隔地者間という。

2　承諾期間を定めないで契約の申込みを受けた商人が、相当の期間内に承諾の通知を発しなかったときは、その申込みは効力を失う。

3　商人が平常取引をする者からその営業の部類に属する契約の申込みを受けた場合は、遅滞なく諾否の通知を発しなければならず、通知の発送を怠った場合は承諾したものとみなされる。

4　商人がその営業の部類に属する契約の申込みを受けた場合に、申込みとともに受け取った物品があるときは、申込みを拒絶したときでも、自己の費用で物品を保管しなければならない。

解答
1　○
2　○
3　○
4　×　自己ではなく、申込者の費用です

商法

095 商事債権の人的担保

民法では例外の内容が、商法では原則になります

Q 民法と同じ原則なの？
A 逆だよ。

債務者が複数の場合

民法では、多数人が１個の分割可能な債務を負うときは、分割債務になるのが原則です。民法は、分割、つまり頭割りした債務になるとしています。例えば、ＢとＣが、Ａから100万円借りた場合には、ＢとＣは各自50万円ずつの債務を負うことになります。

しかし、これでは債権者を保護することによる取引の敏活確保に反します。分割債務の場合、債務者は債権者に対し、頭割りで求められた金額についてのみ債務を負うだけなので、債権回収に関するリスクは債権者が負わされることになります。もし、Ｂが無資力なら、結局、ＡはＣから50万円回収できるだけです。

そこで、商法では、数人の者がその１人または全員のために商行為となる行為によって債務を負担した場合は、その債務は、各自が連帯して負担するとし、連帯債務になるとしています。連帯債務とは、同じ内容の給付について、債務者のそれぞれが独立に全部の弁済をしなければならないという債務を負担し、１人が弁済すれば他の債務

者はもはや弁済しなくてよいという債務です。前記の例だと、ＢとＣは各自100万円までの債務を負うことになります。連帯債務の場合、債務者は債権者に対し、各自が債務全額について債務を負担するので、債権回収に関する債権者のリスクは、分割債務に比べて大きく減少することになります。例えば、Ｂが無資力でも、ＡはＣからは100万円回収できるわけです。

商事債権の保証

民法では、連帯保証ではない単純保証となるのが原則です。すなわち、保証人は、主たる債務者がその債務を履行しない場合に初めて履行すれば足りるという補充性の性質から、次の２つの抗弁権（権利のこと）が認められます。第１は、催告の抗弁権です。保証人が支払いを求められた場合には、まず主たる債務者に請求するように債権者に主張できます。債権者Ａがいきなり保証人Ｃに請求してきた場合には、まず主債務者Ｂに請求してくれ、といえるのです。第２は、検索の抗弁権です。債権者が強制執行してきた場合に

は、保証人は、主たる債務者に弁済の資力があり、容易に執行できる財産があることを証明して、まず主債務者の財産に対して強制執行するように求めることができます。AがいきなりCの財産に強制執行をかけてきたという場合には、一定の証明をして、まずBの財産に強制執行をかけてくれといえるのです。さらに、共同保証の場合には分別の利益があります。つまり、保証人がC・Dの2人のように数人いる場合には、頭割りで分割した額についてしか保証債務を負わないと主張できます。債権者Aから請求されたCは、保証人が2人いるから、100万円÷2人＝50万円しか払わないと主張できます。Dも同じです。このように共同保証の場合には、頭割りした額のみ払えばよいというメリットがあります。

しかし、これでは債権者を保護することによる取引の敏活確保に反します。単純保証の場合、保証人は債権者に対し、催告の抗弁権・検索の抗弁権・分別の利益を有しているからです。

そこで、商法では、債務が主たる債務者の商行為によって生じた場合、または、保証が商行為である場合には、保証人が連帯して保証債務を負担するとし、連帯保証になるとしています。連帯保証には補充性がありません。したがって、補充性から認められる2つの権利、まず主たる債務者に請求してくれ、まず主たる債務者の財産にかかってくれという、催告と検索の両抗弁権がありません。また、連帯保証人が2人以上いる共同連帯保証の場合でも、頭割りした額しか払わないという分別の利益はありません。連帯保証人は各自、主たる債務の全額を保証することになります。共同連帯保証の場合のC・Dは、50万円しか払わないとはいえず、100万円払わなければならないことになります。以上、連帯保証債務の場合、連帯保証人には、催告の抗弁権・検索の抗弁権・分別の利益のすべてが認められません。債権者にとって、非常に有利です。

ポイント

	民　法	商　法
複数債務者	分割債務	連帯債務（511条1項）
保　証	単純保証	連帯保証（511条2項）

 ミニテスト

1　保証が商行為である場合には、保証人が連帯して保証債務を負担する。

解答　1 ○

096 商事債権の物的担保

民法と反対になったりします

Q 流質は禁止されるの？

A 許されるよ。

質権における流質契約

　質権とは、債権者が、債権の担保として債務者などから受け取った物を債権の弁済があるまで留置し、弁済がないときには、他の債権者に優先して弁済を受けることができる権利です。BがAに100万円貸して、借金のカタに、Aの宝石を質に取ったという例で考えます。

　民法では、暴利行為を防ぐために、質権において流質（りゅうじち）契約を禁止しています。流質契約は無効です。流質とは、いわゆる丸取りで、弁済期に借金を返せなかったら質権者が直ちに質物の所有権を取得するといった契約です。例えば、BがAに100万円を貸す場合、貸主の方が立場が強いので、質に取る物は100万円より価値の高い物がほとんどです。仮に時価200万円の宝石だったとします。もし丸取り契約を許したら、Bは100万円を貸したに過ぎないのに200万円の宝石をまんまと手に入れることができます。これは暴利行為で、Bが害されます。そこで民法は、Bを守るために後見的に介入して、丸取り契約である流

質契約を禁止しているのです。

　しかし、商人は自己の利害の計算ができるので、法による後見的介入は必要ありません。

　そこで、商法は、民法のこの規定は、商行為によって生じた債権を担保するために設定した質権については適用しないとして、**流質契約を許容**しています。流質契約も有効です。民法とは逆の立場です。

留　置　権

　留置権とは、他人の物を占有している者が、その物に関して生じた債権を有するときに、その債権の弁済を受けるまでその物を留置できる権利です。

　例えば、AがBに甲自動車の修理を依頼し、Bがその車を修理すれば、BはAに対して修理代金を請求できます。留置権が問題となるのは、Bが代金を支払わないにもかかわらず、車を返してくれといってきた場合です。この場合、Bは車を留置できます。代金を支払わない限り、車を渡さないといえるのです。

　民法の民事留置権は、債権者がその

物を留置することによって、債務の弁済を間接的に強制する権利です。したがって、目的物は債務者所有のものか否かを問いませんが、債権と目的物との間には、直接的・個別的牽連性（関連性）が要求されます。例えば、Aが所有者Cから借りている車でもOKですが、その車を修理したことによって生じた代金という直接的・個別的な牽連性が必要です。

これに対し、商法は、商人間の留置権について、商人間においてその双方のために商行為となる行為によって生じた債権が弁済期にあるときは、債権者は、その債権の弁済を受けるまで、その債務者との間における商行為によって自己の占有に属した債務者の所有する物または有価証券を留置することができるとしています。

商人間留置権も、債権者が物を留置することによって、債務の弁済を間接的に強制する権利であることは民事留置権と同じです。

しかし、目的物は債務者所有のものでなければなりません。Aが所有者Cから借りている車ではNGです。所有者の利益を保護するためです。また、債権と目的物との間には、一般的・抽象的牽連性が存在すれば足ります。Bが、今回の契約（甲車）とは全く別の機会にAから修理を依頼されて保管している別の車（乙車）でも牽連性ありと考えます。継続的に行われる商取引において、債権と目的物との間に直接的・個別的な牽連性を要求したのでは、債権者の保護は十分に図れないからです。

民事留置権と比べると、所有関係は厳格にし、他方、牽連性は緩和しています。

ポイント

	民　法	商　法
流質契約の可否	流質契約禁止	流質契約許容（515条）
留置権の成立要件	債務者所有か否かは問わないが、直接的・個別的牽連性を要する	債務者所有のものに限るが、一般的・抽象的牽連性で足りる（521条）

ミニテスト

1　商法は、流質契約を許容している。
2　商人間留置権では、目的物は債務者所有のものでなければならないが、債権と目的物との間には、一般的・抽象的牽連性があれば足りる。

解答　1　○
　　　　2　○

097 商事売買

商人と商人との間の売買です

Q 商法は、売主と買主のどちらを保護しているの？
A 売主だよ。

民法の特則

民法に売買契約に関する条文がありますが、商法は、商人対商人という場合の商人間売買について、売主を保護するために、一部に関して特別の規定を置いています。

売主の供託・競売権

民法では、買主が売買目的物を引き取ってくれない場合、売主は売買目的物を供託できます。また、売買目的物が供託に適さない場合は、裁判所の許可を得て競売できます。

しかし、裁判所の許可には時間がかかるため、売主に不利です。

商法でも、供託はもちろん競売もできます。競売の際、相当の期間を定めて催告すれば、裁判所の許可を得る必要はありません。

確定期売買の解除

確定期売買とは、売買の性質や当事者の意思表示により、特定の日時または一定の期間内に履行をしなければ、契約をした目的を達することができない売買をいいます。季節物の売買など

がその例です。民法では、確定期を徒過したため契約を解除する場合には、相手方に契約解除の意思表示をしなければなりません。

しかし、解除の意思表示を必要とすると、解除の意思表示がなされるまで売主は不安定な地位におかれます。

そこで、商法では、確定期を徒過した場合、相手方が直ちに履行の請求をしない限り、当然に契約を解除したものとみなすとして、解除の意思表示を不要としました。

買主の検査・通知義務

民法では、引き渡された物に種類または品質に関する契約不適合がある場合、買主は、その不適合を知った時から1年以内にその旨を売主に通知しないと、追完請求、代金減額請求、損害賠償請求、契約の解除をすることができません。不適合を知ったら通知するという規定なので、買主に検査して通知する義務はないことになります。

しかし、買主に検査・通知義務がないとすると、長い間売主が不安定な地位に置かれます。

そこで、商法では、買主は、売買目的物を受領したときは、遅滞なくその物を検査しなければならないとし、種類、品質、数量に関する契約不適合を発見したときは、直ちに売主にその旨を通知しなければ追完請求等をすることができないとしています。

買主の保管・供託義務

民法では、売買目的物に契約不適合が存在したため契約が解除されたとしても、買主は売買目的物返還の義務を負うにすぎません。したがって、目的物を保管・供託する義務はありません。

しかし、買主が目的物を適切に保管等しないと売主は転売の機会を失ってしまいます。

そこで、商法では、売買目的物に契約不適合が存在したため契約が解除された場合には、買主は、売主の費用で売買目的物を保管または供託しなければならないとしています。これは、品違いや数量超過分についても同様です。

ポイント

	民　法	商　法
売主の供託・競売権	裁判所の許可を得て、競売できる	競売の際、裁判所の許可を得る必要はない（524条）
確定期売買の解除	相手方に契約解除の意思表示をしなければならない	相手方が直ちに履行の請求をしない限り、当然に契約解除したものとみなす（525条）
買主の検査・通知義務	買主に検査・通知義務なし	買主に検査・通知義務あり（526条）
買主の保管・供託義務	買主に保管・供託義務なし	買主に保管・供託義務あり（527条、528条）

ミニテスト

1　確定期売買において、商法では、確定期を徒過した場合、相手方が直ちに履行の請求をしない限り当然に契約を解除したものとみなすとしている。

2　商法は、買主は、遅滞なく売買目的物を検査しなければならないとし、種類、品質、数量に関する契約不適合を発見したときは、直ちに売主にその旨を通知しなければ追完請求等をすることができないとしている。

3　商法では、売買目的物に契約不適合が存在したため契約が解除された場合に、買主は、自己の費用で売買目的物を保管・供託しなければならないとしている。

解答　1　○
　　　　2　○
　　　　3　×　自己ではなく、売主の費用です。

098 商法における民法の特則

民法とはいろいろ違いますね

Q 引渡しの場所は？

A 債権者の営業所でもいいよ。

報酬請求権

民法では、他人のために行為をしても、特約がない限り、報酬は請求できません。

これに対し、商法では、商人がその営業の範囲内において他人のために行為をした場合は、特約がなくても、相当な報酬を請求できます。商取引の営利性からです。

法定利息請求権

民法では、金銭消費貸借をしても、利息の特約がない限り、利息の請求はできません。

これに対し、商法では、商人間において金銭消費貸借をした場合は、特約がなくても、法定利息を請求できます。商取引の営利性からです。

なお、法定利率に関しては、平成29年の法改正（令和2年4月1日施行）で商法の規定が削除され、民法の規定がそのまま適用されることになりました。利率は年3％ですが（民法404条2項）、3年を1期とし、1期ごとに変動します（民法404条3項）。

改正前は、民法の原則が年5％なの

に対し、商法では、商行為によって生じた債務についての商事法定利率は年6％とされていました。

履行の場所

民法では、①特定物の引渡しは、債権発生当時その物の存在した場所で、②そのほかは、債権者の現在の住所です。

これに対し、商法では、①は同じです。

しかし、②そのほかについては、債権者の現在の営業所または住所です。商人の場合、営業所があるのが通常だからです。

たとえば、金銭を支払う債務の場合、債権者の現在の営業所か住所に持参して支払うことになります。

消滅時効

債権の消滅時効期間に関しても、平成29年の改正で商法の規定が削除され、民法の規定が適用されることになりました。

改正前は、民法上、債権の消滅時効期間は原則として10年でしたが、商法

では、商行為によって生じた債権についての商事消滅時効の期間は原則として5年でした。

改正により、民法で、債権の消滅時効期間は、原則として、債権者が権利を行使できることを知った時から5年、権利を行使できる時から10年とされ、商法の規定は削除されました。

ポイント

	民　法	商　法
報酬請求権	特約がない限りなし（648条1項等）	特約がない限りあり（512条）
法定利息請求権	原則なし（587条）	原則あり（513条）
履行の場所	❶特定物の引渡し 　債権発生当時その物の存在した場所（484条） ❷そのほか 　債権者の現在の住所（484条）	❶特定物の引渡し 　同左（516条1項） ❷そのほか 　債権者の現在の営業所または住所（516条1項）

ミニテスト

1　商人がその営業の範囲内において他人のために行為をした場合は、特約がなくても、相当な報酬を請求することができる。
2　商人間において金銭消費貸借をした場合は、特約がなくても、法定利息を請求することができる。
3　商法においては、特定物の引渡しは、債権者の現在の営業所または住所で行なうとされている。

解答　1　○
　　　　　2　○
　　　　　3　×　債権発生当時その物の存在した場所です。債権者の現在の営業所または住所で履行するのは、特定物の引渡し「以外」の場合です。

099 交互計算

相殺を行います

> **Q** 交互計算をするメリットは何なの?
>
> **A** まず、決算が簡単になるよ。

意 義

　交互計算とは、商人間または商人と非商人との間で平常取引をする場合において、一定の期間内の取引から生じる債権・債務の総額について相殺(そうさい)をし、その残額の支払いを約束する契約です。

　交互計算には、決済簡易化の機能と担保的機能があります。

　次の具体例で考えます。

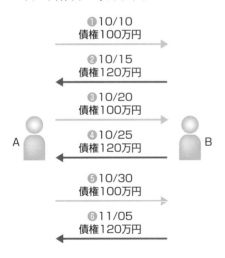

❶10/10
債権100万円

❷10/15
債権120万円

❸10/20
債権100万円

A ❹10/25
債権120万円 B

❺10/30
債権100万円

❻11/05
債権120万円

　AのBに対する債権300万円とBのAに対する360万円を相殺して決済します。これが決済簡易化の機能です。

　担保的機能はやや難しいですが、担保物権(抵当権)を例に説明します。

　債権額が360万円で、抵当目的物の担保価値が300万円である場合に、債務者が弁済できなかったときは、債権者は360万円の弁済を受けることができませんが、抵当権を実行すれば300万円は回収できるので、結局、債権者の損失は60万円ですみます。360万円の損失を出すはずのところを60万円の損失ですんだのは、抵当権を設定していたからです。

　これと同じことが交互計算でもいえます。先の例で弁済期においてAが無資力だった場合に、Bは360万円の損失を出すはずのところを、交互計算によって自己の債務と相殺できるため損失を60万円にとどめることができます。つまり、交互計算が担保権と同じ機能を持っていることになるのです。

交互計算不可分の原則

　交互計算不可分の原則は、交互計算契約の担保的機能と関連するものです。

　交互計算に担保的機能をもたせるためには、債権・債務の対立関係が不可欠の前提になります。

担保的機能が認められるのは、先の例で、①と②、③と④…というように各債権が対立しているからです。したがって、交互計算がその機能を発揮するには、債権・債務の対立関係を厳密に維持しなければなりません。①だけ、②だけ、というような債権を個別に処分することは禁止しておかなければならないのです。そこで、交互計算契約期間内における各債権・債務の処分を禁止する交互計算不可分の原則が認められています。

すなわち、交互計算に組み入れられた個々の債権は、その一定期間中はその効力が停止され、独立性を失い、期間終了まで不可分な一体として取り扱われます。当事者は、その期間中個別の債権につき、これを行使したり、譲渡、質入等の処分をすることはできないし、差押も許されません。

ポイント

交互計算
　商人間または商人と非商人との間で平常取引をする場合において、一定の期間内の取引から生じる債権・債務の総額について相殺をし、その残額の支払いを約束する契約（529条）
　　機能⇒決済簡易化の機能と担保的機能
　　不可分の原則⇒交互計算に組み入れられた個々の債権は、その一定期間中はその効力が停止され、独立性を失い、期間終了まで不可分な一体として取り扱われる

ミニテスト

1　交互計算とは、商人間または商人と非商人との間で平常取引をする場合において、一定の期間内の取引から生じる債権・債務の総額について相殺をし、その残額の支払いを約する契約である。
2　交互計算は、決済簡易化の機能のみを有する。
3　交互計算に組み入れられた個々の債権は、その一定期間中はその効力が停止され、独立性を失い、期間終了まで不可分な一体として取り扱われるから、当事者は、その期間中個別の債権につき、これを行使したり、譲渡、質入等の処分をすることはできない。

解答　1　○
　　　　　2　×　担保的機能もあります。
　　　　　3　○

100 匿名組合

匿名＝名前を隠します

Q なぜ匿名っていうの？
A 組合員の名前を隠すからだよ。

意　義

匿名組合とは、当事者の一方が相手方の営業のために出資をし、相手方がその営業から生じる利益を分配することを約束する契約です。

一方が名前を隠すので、匿名といいます。また、組合契約とは、共同事業を営むことを約束する契約のことです。

匿名組合は、お金は持っているが、就いている職業等から自分の名前が出ることを望まない者と、経営能力はあるがお金の乏しい商人とを結びつける制度です。

出資者を匿名組合員といい、営業を行う者を営業者といいます。匿名組合契約の当事者はこの二当事者に限ります。

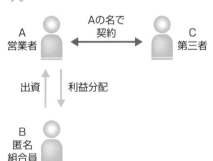

当事者間の法律関係

まず、匿名組合の当事者であるAとBとの間の法律関係です。

匿名組合員の出資は、営業者の財産に属します。また、匿名組合員の出資の目的物は、金銭その他の財産に限られます。

なお、匿名組合契約が終了したときは、営業者は、匿名組合員にその出資の価額を返還しなければなりませんが、出資の損失によって減少したときは、その残額を返還すれば足ります。

匿名組合員は、営業者の業務を執行したり、営業者を代表することができません。

そして、営業者の利益分配は匿名組合契約の要素であって、これを欠く匿名組合契約はあり得ません。注意が必要です。

第三者との法律関係

次は、第三者との法律関係です。

第三者と法律関係に立つのは営業者であって、匿名組合員は営業者の行為について、第三者に対して権利および義務を有しないのが原則です。

ただし、匿名組合員が、営業者の商号に自己の氏や氏名等を使用することを許した場合は、その使用以後に生じた債務については、第三者に対して連帯責任を負います。

ポイント

匿名組合

　当事者の一方が相手方の営業のために出資をし、相手方がその営業から生じる利益を分配することを約束する契約（535条）

　　二当事者→匿名組合員と営業者

　　当事者間→営業者の利益分配は匿名組合契約の要素で、これを欠く匿名組合契約はあり得ない

　　対第三者→第三者と法律関係に立つのは営業者であり、匿名組合員は営業者の行為について、原則として、第三者に対して権利義務を有しない

 ミニテスト

1　匿名組合とは、当事者の一方が相手方の営業のために出資をし、相手方がその営業から生じる利益を分配することを約束する契約である。

2　出資者を匿名組合員、営業を行う者を営業者といい、匿名組合契約の当事者はこの二当事者に限られる。

3　匿名組合員の出資は、営業者の財産に属し、匿名組合員の出資の目的物は、金銭その他の財産に限られる。匿名組合契約が終了したときは、営業者は、匿名組合員にその出資の価額を返還しなければならないが、出資の損失によって減少したときは、その残額を返還すれば足りる。

4　営業者による利益分配を欠く匿名組合契約も、許される。

5　匿名組合員が、営業者の行為について、第三者に対して権利や義務を有することは全くない。

解答　1　○

　　　　2　○

　　　　3　○

　　　　4　× 営業者の利益分配は匿名組合契約の要素ですので、これを欠く匿名組合契約はあり得ません。

　　　　5　× 匿名組合員が、営業者の商号に自己の氏名等の使用を許した場合は、使用以後に生じた債務について、第三者に対して連帯責任を負います。

101 物品運送営業

宅配便が現実の例です

Q 高価品って何？

A 例えば、有価証券だよ。

意　義

物品運送契約は、運送人が荷送人からある物品を受け取りこれを運送して荷受人に引き渡すことを約し、荷送人がその結果に対してその運送賃を支払うことを約することによって成立します。

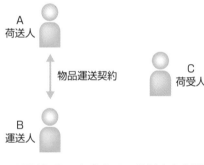

A
荷送人

物品運送契約

C
荷受人

B
運送人

運送契約の当事者は、荷送人と運送人です。荷送人は、運送人に対し、送り状の交付義務や、危険物である場合にはその旨や安全な運送に必要な情報を通知する義務を負います。

運送人は、運送賃の請求権を有し、運送して荷受人に引き渡す義務や、運送品の滅失・損傷等による損害の賠償義務を負います。

運送人の損害賠償義務

①運送人の責任

運送人は、運送品の受取から引渡しまでの間に、その運送品が滅失または損傷したり、滅失または損傷の原因が生じたり、運送品が延着したりしたときは、これによる損害を賠償する責任を負います。ただし、運送人がその運送品の受取、運送、保管および引渡しについて注意を怠らなかったことを証明したときは、責任を負いません（575条）。

損害賠償の請求権者は、原則として荷送人です。ただし、荷受人は、運送品が到達地に到着し、または運送品の全部が滅失したときは、物品運送契約によって生じた荷送人の権利と同一の権利を取得します。つまり、到着（滅失）後は、荷受人も損害賠償を請求することができるのです。

②損害賠償の額

運送品の滅失・損傷の場合、損害賠償額は、原則として、引渡しがされるべき地および時における運送品の市場価格（取引所の相場がある物品については、その相場）によって定めます。つまり、発送地・発送時ではなく、到

達地・到達時を基準にするのです。ただし、市場価格がないときは、その地および時における同種類で同一の品質の物品の正常な価格によって定めます（576条1項）。

③高価品の特則

高価品とは、容積、重量に比べて著しく高価な物品のことです。例えば、貨幣、有価証券、宝石、毛皮、貴金属などが該当する可能性があります。

高価品については、荷送人が運送を委託するに当たりその種類および価額を通知した場合を除き、運送人は、原則としてその滅失、損傷または延着について損害賠償の責任を負いません。高価品は見かけより高額なので、運送人が予想外の高額な賠償義務を負わないように保護しているのです。通知があった場合には責任を負うのは、高価品であることを運送契約成立前に通知されれば、運送人は特別な措置を講じることができるからです。

第3編
商法

ポイント

賠償額の定額化

運送品の滅失または損傷の場合における損害賠償の額は、その引渡しがされるべき地および時における運送品の市場価格（取引所の相場がある物品については、その相場）によって定める。ただし、市場価格がないときは、その地および時における同種類で同一の品質の物品の正常な価格によって定める（576条1項）。

高価品の特則

貨幣、有価証券その他の高価品については、荷送人が運送を委託するに当たりその種類および価額を通知した場合を除き、運送人は、その滅失、損傷または延着について損害賠償の責任を負わない。

 ミニテスト

1　運送品の滅失または損傷の場合における損害賠償の額は、原則として、運送が委託された地および時における運送品の市場価格によって定める。

2　貨幣、有価証券その他の高価品については、荷送人が運送を委託するに当たりその種類および価額を通知した場合を除き、運送人は、その滅失、損傷または延着について損害賠償の責任を負わないのが原則である。

解答　1　× 運送が委託された地および時ではなく、引渡しがされるべき地および時です。

2　○

102 寄託

場屋の典型例は、ホテル・旅館です

Q 場屋（じょうおく）の主人の責任は？

A とても重いよ。

寄託を受けた商人の責任

商人がその営業の範囲内において寄託を受けた場合には、報酬を受けないときであっても、善良な管理者の注意をもって、寄託物を保管しなければなりません。民法では、無償寄託の場合には注意義務が軽減され、自己の財産に対するのと同一の注意で足ります（民法659条）。これに対し、商法は、商人の信用を高めるため、無償でも重い注意義務を負わせているのです。

場屋営業

①意義

場屋営業とは、公衆の来集に適する設備を設け、これを利用させることを内容とする営業です。旅館、ホテルなどが典型例です。

なお、判例は、理髪業は含まないとしています。

②場屋営業者の責任

場屋営業者は、次のような厳しい責任を負います。

まず、客から寄託を受けた物品の滅失または損傷については、不可抗力によるものであったことを証明しなければ、損害賠償の責任を免れることができません。

また、客が寄託していない物品であっても、場屋の中に携帯した物品が、場屋営業者が注意を怠ったことによって滅失し、または損傷したときは、場屋営業者は、損害賠償の責任を負います。場屋営業者は、寄託を受けていなくても損害賠償の責任を負う場合があるのです。

そして、客が場屋の中に携帯した物品につき責任を負わない旨を表示したときであっても、場屋営業者は、これらの責任を免れることができません。つまり、責任を負わないと一方的に表示するだけでは責任を免れることができないのです。

ただし、貨幣、有価証券その他の高価品については、客がその種類および価額を通知してこれを場屋営業者に寄託した場合を除き、場屋営業者は、その滅失または損傷によって生じた損害を賠償する責任を負いません。物品運送の場合と同趣旨の規定です。

倉庫営業

①意義

倉庫営業とは、他人のために物品を倉庫に保管することを内容とする営業です。

②倉荷証券

倉荷証券（くらにしょうけん）は、寄託契約上の寄託物の返還請求権を表章する有価証券です。物品を倉庫に保管したまま譲渡したり質権を設定したりすることができるようにするもので

す。

倉庫営業者は、寄託者の請求により、寄託物の倉荷証券を交付しなければなりません。倉庫営業者は、倉荷証券の記載が事実と異なることをもって善意の所持人に対抗することができません。たとえば、実際の寄託物と倉荷証券の記載が異なる場合（品違い）、善意の所持人に対しては記載通りの責任を負います。

ポイント

寄託

寄託を受けた商人の責任（595条）

　商人がその営業の範囲内において寄託を受けた場合には、報酬を受けないときであっても、善良な管理者の注意をもって、寄託物を保管しなければならない（595条）。

場屋営業（596条）

　公衆の来集に適する設備を設け、これを利用させることを内容とする営業

　⇒場屋営業者は、客から寄託を受けた物品の滅失または損傷については、不可抗力によるものであったことを証明しなければ、損害賠償の責任を免れることができない（596条1項）。

倉庫営業（599条）

　他人のために物品を倉庫に保管することを内容とする営業

　⇒倉庫営業者は、倉荷証券の記載が事実と異なることをもって善意の所持人に対抗することができない（604条）。

ミニテスト

1　商人がその営業の範囲内において寄託を受けた場合であっても、報酬を受けていないときには、善管注意義務は負わない。

2　場屋営業者は、客から寄託を受けた物品の滅失または損傷については、原則として、不可抗力によるものであったことを証明しなければ、損害賠償の責任を免れることができない。

解答　1　× 無報酬でも、善管注意義務を負います。

　　　　2　○

索　引

面白いほど理解できる商法・会社法 〔第4版〕

2011年4月25日 初 版 第1刷発行
2023年9月8日 第4版 第1刷発行

編 著 者	株式会社早稲田経営出版	
	(商法・会社法研究会)	
発 行 者	猪 野 樹	
発 行 所	株式会社 早稲田経営出版	

〒101-0061
東京都千代田区神田三崎町3-1-5
神田三崎町ビル
電話 03(5276)9492 (営業)
FAX 03(5276)9027

組 版	株式会社 グ ラ フ ト	
印 刷	株式会社 ワ コ ー	
製 本	株式会社 常 川 製 本	

© Waseda keiei syuppan 2023   Printed in Japan   ISBN 978-4-8471-5043-2
N.D.C. 327

本書は,「著作権法」によって,著作権等の権利が保護されている著作物です。本書の全部または一部につき,無断で転載,複写されると,著作権等の権利侵害となります。上記のような使い方をされる場合,および本書を使用して講義・セミナー等を実施する場合には,小社宛許諾を求めてください。

乱丁・落丁による交換,および正誤のお問合せ対応は,該当書籍の改訂版刊行月末日までといたします。なお,交換につきましては,書籍の在庫状況等により,お受けできない場合もございます。
また,各種本試験の実施の延期,中止を理由とした本書の返品はお受けいたしません。返金もいたしかねますので,あらかじめご了承くださいますようお願い申し上げます。

書籍の正誤に関するご確認とお問合せについて

書籍の記載内容に誤りではないかと思われる箇所がございましたら、以下の手順にてご確認とお問合せをしてくださいますよう、お願い申し上げます。

なお、正誤のお問合せ以外の**書籍内容に関する解説および受験指導などは、一切行っておりません。**
そのようなお問合せにつきましては、お答えいたしかねますので、あらかじめご了承ください。

1 「Cyber Book Store」にて正誤表を確認する

早稲田経営出版刊行書籍の販売代行を行っている
TAC出版書籍販売サイト「Cyber Book Store」の
トップページ内「正誤表」コーナーにて、正誤表をご確認ください。

CYBER TAC出版書籍販売サイト
BOOK STORE

URL：https://bookstore.tac-school.co.jp/

2 1の正誤表がない、あるいは正誤表に該当箇所の記載がない ⇒ 下記①、②のどちらかの方法で文書にて問合せをする

★ご注意ください★

お電話でのお問合せは、お受けいたしません。
①、②のどちらの方法でも、お問合せの際には、「お名前」とともに、
「対象の書籍名（○級・第○回対策も含む）およびその版数（第○版・○○年度版など）」
「お問合せ該当箇所の頁数と行数」
「誤りと思われる記載」
「正しいとお考えになる記載とその根拠」
を明記してください。
なお、回答までに1週間前後を要する場合もございます。あらかじめご了承ください。

① ウェブページ「Cyber Book Store」内の「お問合せフォーム」より問合せをする

【お問合せフォームアドレス】

https://bookstore.tac-school.co.jp/inquiry/

② メールにより問合せをする

【メール宛先　早稲田経営出版】

sbook@wasedakeiei.co.jp

※土日祝日はお問合せ対応をおこなっておりません。
※正誤のお問合せ対応は、該当書籍の改訂版刊行月末日までといたします。

乱丁・落丁による交換は、該当書籍の改訂版刊行月末日までといたします。なお、書籍の在庫状況等により、お受けできない場合もございます。
また、各種本試験の実施の延期、中止を理由とした本書の返品はお受けいたしません。返金もいたしかねますので、あらかじめご了承くださいますようお願い申し上げます。

早稲田経営出版における個人情報の取り扱いについて
■お預かりした個人情報は、共同利用させていただいているTAC（株）で管理し、お問合せへの対応、当社の記録保管のみに利用いたします。お客様の同意なしに業務委託先以外の第三者に開示、提供することはございません（法令等により開示を求められた場合を除く）。その他、共同利用に関する事項等については当社ホームページ（http://www.waseda-mp.com）をご覧ください。

（2022年7月現在）